MARKUS KREBS

MARKUS KREBS

WITZE AUS DEM HOCKER-MILIEU

PLAZA

PLAZA
ist ein Imprint der

HEEL Verlag GmbH
Gut Pottscheidt
53639 Königswinter
Tel.: 02223 9230-0
Fax: 02223 9230-13
E-Mail: info@heel-verlag.de
www.heel-verlag.de

Autor: Markus Krebs
Redaktionelle Mitarbeit: Kai Schmid
Gestaltung: Axel Mertens, HEEL Verlag GmbH
Korrektorat: Annerose Sieck
Projektleitung: Ulrike Reihn-Hamburger

Fotos: © Markus Krebs

Markus Krebs wird vertreten durch:
S2 Management GmbH
Lüderichstraße 2–4
51105 Köln
www.s2-management.de

Printed in Czech Republic

ISBN 978-3-96664-313-9

INHALT

VORWORT

Liebe Leserinnen und Leser,

ich freue mich, dass ihr heute mein neues Buch „Witze aus dem Hocker-Milieu" in den Händen haltet. Dies ist mein zweites Buch und natürlich musste es diesmal ein reines Witzebuch werden.

Warum Hocker-Milieu?! Na klar, schließlich stehen Hocker nun mal in vielen Kneipen. Dort ist es gesellig und dort habe ich über die Jahre hinweg sehr viele Witze zum ersten Mal gehört. Fast täglich, könnte man sagen.

Das tollste an Witzen ist doch, dass man sie fast überall hören und weitererzählen kann – an jedem Ort der Welt. Witze gehören zu den Dingen, die Menschen vereinen. Und was gibt es Schöneres, als gemeinsam zu lachen?

Ich freue mich immer wieder, wenn mir Zuschauer nach meinen Auftritten sagen, dass sie sich die ganzen Witze nicht merken konnten, dass es einfach zu viele waren. Daher findet ihr in „Witze aus dem Hocker-Milieu" eine erste Sammlung, zu der auch viele meiner absoluten Lieblingswitze und Lieblingssprüche gehören.

Witze von Freuden, von Fans, von Kollegen, aber auch von Vorbildern und Helden, die ich rauf und runter gelesen und weitererzählt habe. Ok, einige sind natürlich auch von mir dabei. Jeder erzählt einen Witz auf seine ganz eigene Art und Weise. Das ist es ja auch, was den Humor so besonders und jeden Witz immer wieder einzigartig macht.

Ich habe schon früher in Kneipen Witze erzählt, aber dass ich damit irgendwann einmal mein Geld verdienen würde, hätte ich niemals gedacht. Dafür bin ich sehr dankbar.

Wenn ihr heute meine Eltern fragen würdet, dann würden sie sagen, dass ich mir viel lieber Witze gemerkt habe, anstatt wichtige Sachen. Für mich gab es also überhaupt keine andere Wahl, als das Witzeerzählen zu meinem Beruf zu machen.

In der Jugend habe ich die meisten Witze von meinem Vater gehört. Er hat mich am stärksten geprägt. Daher widme ich ihm auch mein erstes Witzebuch und darin noch einmal ganz besonders die Rubrik „Vater Peters Lieblinge“. Er hat einen besonderen Platz in diesem Buch verdient und ich hoffe, ihr habt an diesem Buch und den Witzen genauso viel Spaß wie mein Vater und ich.

Vadder, danke, dass du selbst immer am lautesten über deine Witze gelacht und mir damit quasi etwas in die Wiege gelegt hast, das heute nicht nur mir, sondern vielen Menschen „da draußen“ Spaß macht.

Und euch „da draußen“ danke ich, dass ihr dieses Buch gekauft habt, meine Tour-Termine besucht und mir ausverkaufte Shows schenkt. Dafür bin ich immer wieder sehr, sehr dankbar!

Abschließen möchte ich mit einem Appell an euch: Erzählt euch Witze! Lacht euch defekt und habt Spaß!

Die Zeit ist zu kurz, um nicht zu lachen!

Euer Markus

VATER PETERS LIEBLINGE

Ein Mann sitzt in einem Zug und pokert mit seinem Dackel.
Ein anderer Mann beobachtet die Situation und sagt: „Das ist ja unglaublich. Sie pokern echt mit Ihrem Dackel.“
„So unglaublich ist das gar nicht“, erwidert der Mann. „Wenn mein Dackel ein gutes Blatt hat, wackelt er immer mit dem Schwanz.“

Ein Junge geht in eine Apotheke und fragt den Apotheker: „Hören Sie mal – ich bin heute Abend zum ersten Mal bei den Eltern meiner Freundin zum Essen eingeladen, und ich hoffe natürlich, dass danach noch etwas mit meiner Freundin läuft, haben Sie irgendetwas, womit ich mich schützen kann?" „Ja", sagt der Apotheker, „Kondome". „Kondome sind gut", sagt der Junge, bezahlt und will rausgehen. Dann dreht er sich aber nochmal um und sagt: „Die Mutter meiner Freundin, die ist auch ziemlich scharf. Hätten Sie noch so ein Päckchen?" Und der Apotheker verkauft ihm ein weiteres Päckchen Kondome. Abends beim Essen sagt die Freundin des Jungen zu ihm: „Hätte ich gewusst, dass du so still und so zurückhaltend bist, hätte ich dich gar nicht eingeladen." Darauf der Junge: „Hätte ich gewusst, dass dein Vater Apotheker ist, wäre ich gar nicht gekommen."

Ein Kaplan darf zum ersten Mal die Beichte abnehmen. Er sitzt im Beichtstuhl, auf der anderen Seite sitzt eine junge Frau und sagt, sie habe gesündigt. Sie habe mit sehr vielen verheirateten Männern geschlafen. Der Kaplan sagt: „Einen kleinen Moment bitte", und geht zum Pfarrer." Er sagt ihm: „Entschuldigung, Herr Pfarrer, aber ich habe da sofort einen ganz schweren Fall bekommen. In meinem Beichtstuhl sitzt eine Frau, die mit sehr vielen verheirateten Männern geschlafen hat. Was gibt man denn da?" „Ja, sagt der Pfarrer, 50 Euro, wie immer."

EIN CHEF KOMMT MIT SEINEM NEUEN FERRARI ZUR FIRMA. „SCHÖNES AUTO“, SAGT EINER SEINER MITARBEITER. SAGT SEIN CHEF ZU IHM: „WENN DU JEDEN TAG HART ARBEITEST, ALLES FÜR DIE FIRMA GIBST, IMMER PÜNKTLICH DA BIST - ICH GLAUBE, DANN, EINES TAGES, KAUFE ICH MIR EINEN ZWEITEN.“

EIN MUSIKER KOMMT AUF DIE BÜHNE UND IM PUBLIKUMSRAUM STEHT NUR EINE FRAU. ANSONSTEN NIEMAND DA. DOCH DER MUSIKER IST GANZ PROFI UND SAGT ZU DER FRAU: „HEUTE SPIELE ICH NUR FÜR SIE.“ DIE FRAU ANTWORTET: „OK, ABER BEEILEN SIE SICH, ICH MUSS HIER GLEICH NOCH DURCHWISCHEN.“

EIN MUSIKER WIRD VON EINEM MANN GEFRAGT: „SPIELEN SIE AUCH NACH WUNSCH?“ DER MUSIKER ANTWORTET: „NATÜRLICH.“ DARAUF DER MANN: „DANN SPIEL MAL ‘NE STUNDE SCHACH.“

EIN BLINDER UND EIN TAUBER HABEN EINE BAND. DA FRAGT DER BLINDE DEN TAUBEN AUF GEBÄRDENSPRACHE: „TANZEN DIE LEUTE?“ DA FRAGT DER TAUBE: „SPIELEN WIR SCHON?“

EIN TAXI HÄLT VOR EINER KNEIPE. DER WIRT BRINGT DREI TOTAL BESOFFENE MÄNNER UND SETZT SIE AUF DEN RÜCKSITZ DES TAXIS UND SAGT: „DER LINKS MUSS ZUM HAUPTBAHNHOF, DER IN DER MITTE MUSS IN DIE GOETHESTRASSE 5 UND DER RECHTS MUSS IN DEN TANNENWEG 25.“ DER WIRT DRÜCKT DEM TAXIFAHRER 50 EURO IN DIE HAND UND GEHT WIEDER IN DIE KNEIPE. ZWEI MINUTEN SPÄTER KOMMT DER TAXIFAHRER IN DIE KNEIPE UND SAGT ZUM WIRT: „KÖNNEN SIE MIR DIE DREI BITTE NOCHMAL RICHTIG HINSETZEN? DIE SIND MIR IN DER ERSTEN KURVE DURCHEINANDERGEPURZELT.“

EINE FRAU ZU IHREM MANN: „MEIN GOTT, WIE SIEHST DU DENN AUS?“ „ICH WAR BEIM TENNIS“, ANTWORTET DER MANN, „WIR HABEN EIN DOPPEL GESPIELT.“ „ICH DACHTE“, SAGT DIE FRAU, „EIN DOPPEL WÄRE NICHT SO ANSTRENGEND.“ „EIGENTLICH NICHT“, ANTWORTET DER MANN, „ABER WIR HATTEN NUR EINEN SCHLÄGER.“

Ein Mann schellt an einer Tür. Eine Frau öffnet. Der Mann sagt: „Ich habe eine schlechte Mitteilung für Sie. Ihr Mann ist heute in einem Bierfass ertrunken.“

„Oh Gott“, sagt die Frau, „hat er sehr gelitten?“ „Nein“, sagt der Mann, „er kam noch dreimal raus, um zu pinkeln.“

Drei Männer stehen wegen einer Vaterschaftsklage vor Gericht. Gerd, Jürgen und Udo. Sagt Gerd zu den beiden anderen: „Wisst ihr was, wir sagen einfach alle, dass wir der Vater wären. Dann können die uns nichts.“ Die anderen sind einverstanden.
Die Tür geht auf und Gerd wird hereingebeten. Der Richter fragt ihn: „Geben Sie zu, dass das Kind von Ihnen ist?“ „Jawohl“, antwortet Gerd. „Gut“, sagt der Richter, „dann ist das ja geklärt und der Fall wird geschlossen.“

Eva hat in der Schule in einem Test eine Eins und Fritzchen eine Sechs bekommen. Fritzchen fragt Eva: „Was haben die dich denn gefragt?“ Eva antwortet: „Sie wollten den Unterschied zwischen Vögeln und Fischen wissen. Ich habe gesagt, Vögel fliegen in der Luft und Fische schwimmen im Wasser. Da habe ich eine Eins bekommen. Und was haben sie dich gefragt?“ Fritzchen antwortet: „Von mir wollten sie den Unterschied wissen zwischen Löwen und Hirschen, ich habe geantwortet, der Löwe macht schon um neun Uhr auf, der Hirsch erst um halb elf.“

Unterhalten sich zwei an der Theke, sagt der eine: „Es gibt jetzt einen neuen Erotikclub in der Innenstadt, da kannst du umsonst trinken, so oft aufs Zimmer, wie du Lust hast, und kriegst hinterher sogar noch Geld dafür." „Das glaube ich nicht", antwortet der Zweite. „Warst du da?" Darauf der erste: „Ich nicht, aber meine Frau."

Ein Mann kommt in eine Kneipe und bestellt sich ein Pils. Er trinkt das Pils ganz in Ruhe, guckt den Wirt an und sagt: „Mein Gott, du hast ein Gesicht wie ein Arsch." Der Wirt sagt: „Trinken Sie bitte Ihr Bier aus und gehen Sie. Das lasse ich mir nicht gefallen." Der Kunde trinkt aus und geht raus. Er kommt einen Tag später wieder und bestellt wieder ein Pils. Der Wirt stellt ihm das nachdenklich hin. Der Kunde trinkt langsam, schaut den Wirt an und sagt: „Tut mir leid, aber du hast ein Gesicht wie ein Arsch." „Sofort raus", schnauzt ihn der Wirt an, „ich will Sie hier nicht mehr sehen." Der Gast verlässt die Kneipe. Etwa einen Monat später kommt der Gast wieder in die Kneipe. Der Wirt schaut ihn böse an, aber der Gast sagt: „Alles gut, ich möchte nur ein Pils trinken und mach dir bitte direkt eins mit, auf meine Kosten." Alles klar, der Wirt macht zwei Pils und man prostet sich zu. Als der Gast das Glas wieder hinstellt, sagt er zu dem Wirt: „Hömma, wenn du mit dem Einlauf fertig bist, machst du mir noch einen Schnaps."

DER BAUARBEITER ACKERMANN FÄLLT VOM GERÜST UND VERLETZT SICH TÖDLICH. DER POLIER SAGT: „OH MANN, JETZT MUSS EINER ZU SEINER FRAU GEHEN UND IHR DAS SAGEN." ER NIMMT EINEN HILFSARBEITER ZUR SEITE UND SAGT: „MACH DU DAS." DER GEHT LOS UND KOMMT EINE STUNDE SPÄTER MIT ZWEI KISTEN BIER ZURÜCK. „BIST DU BESCHEUERT", FRAGT DER POLIER, „DU SOLLTEST FRAU ACKERMANN SAGEN, DASS IHR MANN NICHT MEHR LEBT." „DAS HABE ICH", SAGT DER HILFSARBEITER, „ICH HABE DA GEKLINGELT UND HABE GEFRAGT, SIND SIE DIE WITWE ACKERMANN?" UND SIE SAGTE: „NEIN, DAS BIN ICH NICHT." DA FRAGTE ICH: „WETTEN WIR UM ZWEI KISTEN BIER?"

Ein Baumfäller schließt sich in Kanada einer Gruppe von Baumfällern an. Am Freitag, kurz vor Feierabend, fragt er einen Kollegen, was am Wochenende denn dort immer abgeht. „Ja", sagt der Kollege, also heute, wie jeden Freitag, fahren wir in den nächsten Ort, der ist so 30 Kilometer entfernt, gehen dort in den Pub und lassen uns volllaufen." „Ne", sagt der erste, „das ist nichts für mich, ich trinke nicht." „Ok", sagt der zweite Mann, „Samstag fahren wir zehn Kilometer weiter, da ist ein Puff, da lassen wir es richtig knallen." „Nö, das ist auch nichts für mich." Fragt der zweite Mann: „Bist du etwa schwul?" „Nein." Darauf der zweite Mann: „Dann wird dir der Sonntag auch nicht gefallen."

Zwei Besoffene stehen an der Theke. Einer von ihnen muss ein kleines Bäuerchen machen und kotzt sich dabei leicht aufs Hemd.
„Oh Mist“, sagt er, „das gibt Krach. Wenn ich nach Hause komme und meine Frau das sieht, dann gibt’s Ärger.“ „Pass auf“, sagt der andere, „steck dir doch einfach 50 Euro oben in deine Hemdtasche, und wenn deine Frau meckert, sagst du, das war ein anderer und der hat dir für die Reinigung 50 Euro ins Hemd gesteckt.“ „Das ist ’ne gute Idee“, sagt er und geht vier Stunden später nach Hause.
Dort angekommen, erwartet ihn die meckernde Frau. „Wie siehst du denn aus?“, schreit sie. „Ich war das nicht“, verteidigt er sich. „Da hat mich ein anderer angekotzt, deswegen hat er mir auch 50 Euro in die Hemdtasche gesteckt, wegen der Reinigung.“ Die Frau greift in die Hemdtasche und sagt: „Das sind aber 100 Euro.“ „Ach ja“, sagt der Mann, „in die Hose hat er mir auch noch geschissen.“

Eine Gruppe sitzt in einer Kneipe zusammen. Einer davon steht auf und sagt, dass er jetzt nach Hause müsse. „Was?“, fragen die anderen. „Wieso das denn? Es ist noch nicht einmal 21 Uhr.“ „Ja“, sagt er, „aber meine Frau zickt halt rum, wenn ich erst nach 21 Uhr zu Hause bin.“ „Das würde ich mir nicht gefallen lassen“, sagt einer aus der Gruppe. „Junge, du musst dich wehren.“ Eine Woche später trifft sich die Gruppe wieder. Und man fragt den Mann mit der Zicke, ob er sich gewehrt hat und länger bleibt. „Was glaubt ihr denn?“, antwortet dieser. „Ich habe auf den Tisch gehauen, geschrien, den Stuhl umgeschmissen.“ „Und was hat deine Frau gesagt?“, fragt einer aus der Runde. „Weiß ich nicht“, sagt der Mann, „die ist eine Woche auf Kegeltour.“

Eine Gruppe von Baumfällern hat ein bisschen Angst vor dem nächsten Winter. Sie hacken sehr viel Holz, weil sie nicht genau einschätzen können, wie hart dieser Winter wohl wird. Da sagt einer aus der Gruppe: „Hömma, da oben wohnt doch so ein alter Indianer. Der müsste sich doch auskennen." „Jo, den fragen wir mal." Sie gehen zum Indianer und fragen: „Wie hart wird dieser Winter?" Der Indianer schaut sie an und sagt: „Winter wird sehr hart."
Und es werden noch mehr Bäume gefällt und es wird noch mehr Holz gesammelt, aber die Männer sind sich immer noch nicht sicher. Sie fragen wieder den Indianer: „Wie hart wird dieser Winter?" Der Indianer sagt: „Der Winter wird sehr sehr hart." Fragt einer aus der Runde den Indianer: „Woher weißt du das eigentlich?" Sagt der Indianer: „Weißer Mann hacken viel Holz."

Eine Frau und ein Mann sitzen in einem Zugabteil.
Der Mann spricht die Frau an und sagt mit zittriger Stimme: „Entschuldigung, junge Frau, könnten Sie mir meine Tasche von der Ablage über mir geben?“ Die Frau steht auf und holt die Tasche herunter. „Könnten Sie die Tasche aufmachen, da ist ein Butterbrot drin? Könnten Sie mir das geben?“ Die Frau öffnet die Tasche und gibt ihm das Butterbrot. Der Mann fragt weiter: „Entschuldigung, könnten Sie die Tasche wieder auf die Ablage legen?“ Auch das macht die Frau, und der Mann bedankt sich und isst sein Butterbrot. „Entschuldigung, aber könnten Sie mir nochmal die Tasche von der Ablage geben?“ Die Frau wird langsam sauer, aber gibt ihm die Tasche. „Da ist eine Decke drin“, sagt der Mann, „könnten Sie mir diese geben?“ Auch das macht die Frau. „Vielen Dank“, sagt der Mann, „könnten Sie die Tasche wieder oben auf die Ablage legen?“ „Natürlich“, sagt die Frau, in einer bereits sehr feindlichen Art. „Entschuldigung“, sagt der Mann, „könnten Sie die Decke bitte über meine Beine legen?“ „Nein“, erwidert die Frau. „Jetzt reicht es. Was haben Sie eigentlich, dass Sie das alles nicht selbst machen können?“
Antwortet der Mann: „Urlaub.“

ARZT-WITZE

Ein Mann geht zu einem Psychiater und sagt: „Herr Doktor, ich glaube, ich bin ein Hund.“ „Ganz ruhig“, sagt der Psychiater, „legen Sie sich erstmal auf die Couch.“ Sagt der Mann: „Ich darf nicht auf die Couch.“

ZAHNARZT ZUM PATIENTEN: „DAS KANN JETZT EIN BISSCHEN WEHTUN.“
PATIENT: „KEIN PROBLEM.“
ZAHNARZT: „ICH HABE SEIT DREI JAHREN EIN VERHÄLTNIS MIT IHRER FRAU.“

Ein Ehepaar muss im Urlaub plötzlich zum Zahnarzt. Und die Frau sagt dem Zahnarzt: „Betäubung ist nicht notwendig, einfach `ne alte Zange und raus damit.“ Sagt der Zahnarzt: „Sie sind aber mutig, dann setzen Sie sich mal in den Stuhl.“ „Nein“, sagt die Frau, „nicht ich, mein Mann hat Zahnschmerzen.“

Ein älterer Mann geht zum Arzt und sagt zu ihm: „Herr Doktor, ich habe eine Frage – wissen Sie, ich bin 86 Jahre alt und meine Freundin 24, die ist jetzt schwanger. Und ich kann wirklich nicht, also ich glaube nicht, dass ich, also, was ist denn da passiert?“
„Ja, also“, sagt der Arzt, „Sie gehen mit Ihrem Holzstock in den Wald, Sie sehen einen Hasen, Sie legen auf den Hasen an und schießen, der Hase fällt tot um, was ist passiert?“ „Da hat wohl ein anderer geschossen“, sagt der alte Mann.
„Sehen Sie“, sagt der Arzt, „so können Sie sich das erklären.“

Patient zum Chirurgen: „Ich bin so nervös. Das ist meine erste Operation." Doktor: „Keine Sorge, meine auch."

EIN MANN GEHT ZUM ARZT UND SAGT: „HERR DOKTOR, ICH HABE SEHR STARKE POTENZPROBLEME." SAGT DER ARZT: „GEHEIMTIPP, SIE HOLEN SICH JETZT FÜNF PFUND SCHWARZBROT, DAS HILFT." SAGT DER MANN: „SO VIEL, DA WIRD DOCH DIE HÄLFTE HART." SAGT DER ARZT: „DANN HOLEN SIE SICH BITTE ZEHN PFUND."

EIN SCHWARZER HAT EINEN ARBEITSUNFALL UND VERLIERT DABEI SEINEN MITTELFINGER. DER ARZT SAGT ZU IHM: „ICH KANN IHNEN EINEN NEUEN MITTELFINGER ANNÄHEN, ICH HABE ABER NUR NOCH WEISSE." „MIR EGAL", SAGT DER SCHWARZE, „HAUPTSACHE, ICH HABE EINEN MITTELFINGER." DER ARZT NÄHT IHM EINEN WEISSEN MITTELFINGER AN. DER SCHWARZE FÄHRT ABENDS MIT DER U-BAHN NACH HAUSE UND HÄLT SICH MIT DEM MITTELFINGER IN EINER SCHLAUFE FEST. DA KOMMT EINE ÄLTERE DAME UND SAGT: „NA, SCHORNSTEINFEGER, IN DER PAUSE ZU HAUSE GEWESEN?"

Ein Arzt sagt zu einem Patienten: „Sie haben noch zehn.“ Der Patient sagt: „Zehn was?“ „Neun, acht …“

KOMMT EINE ÄLTERE DAME ZUM ARZT UND SAGT: „HERR DOKTOR, ICH LEIDE SEIT TAGEN SCHON UNTER STARKEN BLÄHUNGEN. DAS GUTE DARAN IST ALLERDINGS, MAN KANN SIE NICHT HÖREN UND SIE RIECHEN AUCH NICHT. SEIT ICH HIER BEI IHNEN IM ZIMMER BIN, HABE ICH BESTIMMT SCHON 20-MAL GEBLÄHT, DAS IST MIR JA SOOO PEINLICH. ABER WIE GESAGT, MAN KANN SIE NICHT HÖREN UND AUCH NICHT RIECHEN.“ DER ARZT VERSCHREIBT DER ALTEN DAME EIN PAAR PILLEN. EINE WOCHE SPÄTER KOMMT SIE WIEDER ZUM ARZT UND SAGT: „HERR DOKTOR, WAS HABEN SIE MIR DA FÜR PILLEN AUFGESCHRIEBEN, MEINE PUPSE STINKEN JETZT WIE DIE PEST!“ DARAUF DER DOKTOR: „GUT, IHRE NASE FUNKTIONIERT WIEDER, JETZT BRAUCHEN WIR NUR NOCH WAS FÜR IHR GEHÖR.“

IM IRRENHAUS. DER ARZT GEHT MIT DEM NEUEN AZUBI ZU DEN PATIENTEN IN DEN VERSAMMLUNGSRAUM. DIE BEIDEN STEHEN AN DER TÜR.
DA SAGT EINER: „5!"
ES FOLGT EIN KICHERN.
EIN ANDERER SAGT: „27!"
EINIGE GRINSEN.
DER NÄCHSTE SAGT: „23!"
ES WIRD GELACHT.
DA FRAGT DER NEUE: „WAS PASSIERT HIER? WARUM LACHEN DIE?"
DARAUF DER ARZT: „DIE ERZÄHLEN SICH GEGENSEITIG WITZE. UM ES EINFACHER ZU MACHEN, HABEN SIE SIE DURCHNUMMERIERT."
„AHA", DENKT DER NEUE. UND UM ES AUCH MAL AUSZUPROBIEREN, SAGT ER: „42."
ALLES IST GANZ LEISE. NIEMAND RÜHRT SICH.
DER NEUE: „WAS IST PASSIERT?"
DER ARZT: „DEN HAST DU SCHLECHT ERZÄHLT."

Ein Mann geht zum Arzt und sagt: „Herr Doktor, ich glaube, ich bin sehr vergesslich." „Seit wann haben Sie das?", fragt der Arzt. Darauf der Mann: „Seit wann habe ich was?"

Ein Mann geht zum Arzt und sagt: „Herr Doktor, ich glaube, ich kann in die Zukunft sehen.“ „Seit wann können Sie das?“, fragt der Arzt. Mann: „Seit nächsten Donnerstag.“

Eine Frau geht zum Arzt und sagt: „Herr Doktor, immer wenn ich rauche, denke ich an Sex – was soll ich tun?“ Doktor: „Ach, erst rauchen wir mal eine, und dann sehen wir weiter!“

Eine Frau kommt zum Gynäkologen, geht in das Sprechzimmer, und da steht er. Der Mann in Weiß. Die Frau zieht sich aus und setzt sich in den Stuhl. Sie wird aber nur erstaunt angeschaut. „Wollen Sie nicht langsam mal anfangen?“, fragt sie den Mann. „Ach, sorry“, antwortet dieser.
„Der Arzt hat bereits Feierabend, ich bin der Maler.“

Eine Nonne geht zum Frauenarzt und wird untersucht. Sagt der Arzt: „Glückwunsch, Sie sind schwanger.“ Sagt die Nonne: „Mein Gott, was die heute alles auf eine Kerze schmieren.“

EIN ARZT RUFT MITTEN IN DER NACHT BEI EINEM KLEMPNER AN UND SAGT IHM, DASS SEIN GANZER KELLER UNTER WASSER STEHE UND DER KLEMPNER SCHNELL KOMMEN MÜSSE. „NÖ", SAGT DER KLEMPNER, „ICH LIEGE SCHON IM BETT." „WENN MAN BEI MIR ANRUFT", SAGT DER ARZT, „DANN MUSS ICH AUCH IMMER NACHTS DA SEIN." „OK", SAGT DER KLEMPNER, LÄSST SICH DIE ADRESSE GEBEN UND FÄHRT ZUM ARZT. ER GEHT IN DEN KELLER, WIRFT EINEN DICHTUNGSRING INS WASSER UND SAGT: „SO, WENN MORGEN NOCH WAS IST, RUFEN SIE NOCHMAL AN."

Ein Arzt redet mit dem Mann einer Patientin. Er sagt: „Uns ist ein Fehler passiert. Wir haben die Befunde Ihrer Frau verwechselt."
„Sie hat entweder Aids oder Alzheimer." „Was soll ich jetzt machen", fragt der Mann den Arzt. „Na ja, Sie fahren mit Ihrer Frau ganz weit aus der Stadt raus. Dann schmeißen Sie sie aus dem Auto. Kommt sie nicht wieder, alles klar, falls doch, schlafen Sie nicht mehr mit ihr."

EIN MANN ERWISCHT SEINE FRAU MIT DEM ARZT IM BETT. DER ARZT VERSUCHT ERSCHROCKEN ZU ERKLÄREN: „ICH WOLLTE NUR DAS FIEBER MESSEN!"
DER MANN HOLT SEIN GEWEHR AUS DEM SCHRANK: „DU ZIEHST IHN JETZT GANZ LANGSAM RAUS UND WENN KEINE ZAHL DRAUFSTEHT, DANN GNADE DIR GOTT!"

Ein Chirurg geht in das Krankenhaus, in dem er arbeitet. Am Eingang stehen zwei Frauen, heulen jämmerlich und sagen immer wieder: „Der Müller ist tot.“ Der Chirurg geht verwirrt weiter. Am Aufzug stehen zwei Krankenschwestern, die ebenfalls heulen und sagen: „Der Müller ist tot.“ „Entschuldigung“, fragt der Chirurg, „auf welcher Etage liegt denn Herr Müller?“ „Auf der dritten“, schluchzt eine der beiden Krankenschwestern. Der Chirurg fährt in die dritte Etage, verlässt den Aufzug und sieht wieder zwei heulende Krankenschwestern. „Der Müller ist tot“, jammern auch diese. „Entschuldigung, auf welchem Zimmer liegt denn Herr Müller?“, fragt der Chirurg. „Auf 312“, hört er von einer der Schwestern. Er geht in Zimmer 312, und da liegt der Müller. Sieht doch ganz normal aus, denkt sich der Chirurg. Er schaut unter die Decke und geht einen Schritt zurück. „Boah, das ist aber mal ein Ding.“ Der Chirurg ist vom Geschlechtsteil Herrn Müllers ziemlich begeistert und denkt sich: „Ich bin doch Chirurg. Ich kann doch hier mal ganz schnell lokal betäuben und einen fliegenden Wechsel vornehmen.“ Gesagt, getan, ein paar Schnitte, ein paar Fäden und nun hat er Müllers Pracht als Gehänge. Er lässt es so drei Wochen verheilen und kuschelt sich abends an seine Frau heran. Die denkt, was ist denn mit ihm. So etwas wollte er aber lange nicht mehr. Komm, denkt sie weiter, den Spaß mache ich mit. Während des Vorspiels zieht sie langsam die Bettdecke weg, guckt nach unten und sagt: „Oh Gott, der Müller ist tot.“

KOMMT EIN MANN ZUM ARZT UND BEKLAGT SICH: „H-H-H-H-HERR D-D-D-D-DOKTOR, MEIN S-S-S-STOTTERN IST E-E-EIN RIESEN P-P-P-P-PROBLEM!“
DER ARZT UNTERSUCHT IHN UND STELLT SCHLIESSLICH FEST: „TJA, IHR PENIS IST ZU GROSS, DAHER IST DAS GEHIRN UNTERVERSORGT. ICH WERDE IHNEN EIN GUTES STÜCK ABNEHMEN MÜSSEN.“ GESAGT, GETAN. NACH EINER WOCHE KOMMT DER MANN WIEDER ZUM ARZT UND SAGT: „HERR DOKTOR, DIE OP HAT WUNDERBAR FUNKTIONIERT, DAS STOTTERN IST WEG. ALLERDINGS IST MEINE FRAU JETZT ZIEMLICH UNGLÜCKLICH. KÖNNTEN SIE DAS AMPUTIERTE STÜCK BITTE WIEDER ANNÄHEN?“
SAGT DER ARZT: „SORRY, ABER N-N-N-NEIN!“

Ein Psychologe befragt drei Patienten. Er fragt den ersten: „Wie viel ist 2 x 2?“ „5000“, antwortet der erste. „Nein“, sagt der Arzt, „das ist knapp, aber nicht richtig.“ Er fragt den zweiten: „Wie viel ist 2 x 2?“ „Mittwoch“, antwortet der zweite Patient. „Auch nicht ganz richtig“, sagt der Psychologe und fragt den dritten: „Wie viel ist 2 x 2?“ „Vier“, antwortet der dritte Patient. „Das ist richtig“, sagt der Psychologe. „Wie kamen sie darauf?“ „Nun“, sagt der Patient, „ganz einfach, ich habe 5000 durch Mittwoch geteilt.“

„Was Ihr Mann jetzt braucht, ist absolute Ruhe", erklärt der Arzt der Ehefrau. „Ich verschreibe Ihnen eine Packung sehr starke Schlaftabletten, davon nehmen Sie bitte jede Stunde eine!"

Ein Mann beim Urologen.
Der Urologe: „Sie müssen unbedingt mit dem Onanieren aufhören!"
Der Mann: „Warum denn das?"
Der Urologe: „Weil ich Sie sonst nicht untersuchen kann!"

BEI WELCHEM ARZT IST PINOCCHIO?

BEIM HOLZNASENOHRENARZT.

Der Arzt zum Patienten: „Tut mir leid, aber ich kann bei Ihnen nichts finden. Es muss am Alkohol liegen!"
Patient: „Dann komme ich wieder, wenn Sie nüchtern sind."

Geht ein Mann zum Arzt: „Herr Doktor, ich glaube, ich bin eine Motte."
Arzt: „Um Himmels Willen, warum kommen Sie denn ausgerechnet zu mir?"
Mann: „Bei Ihnen brannte noch Licht."

Mitten in der Nacht läutet beim Arzt das Telefon:
„Herr Doktor, Herr Doktor, kommen Sie schnell! Unser Sohn hat ein Kondom verschluckt!"
Der Arzt hüpft aus dem Bett, zieht sich schnell an und eilt zur Haustür.
Da klingelt wieder das Telefon:
„Herr Doktor! Es hat sich erledigt! Mein Mann hat doch noch eins gefunden!"

„Herr Doktor, Herr Doktor, alle behaupten, ich sei eine Uhr.“
„Ach, die wollen Sie doch nur aufziehen.“

MANN KOMMT ZUM ARZT, WEIL ER EINEN BLAUEN RING UM DEN PENIS HAT. AUF DIE FRAGE, OB DER ARZT DAS BEHEBEN KANN, ANTWORTET DER ARZT „JA, KOSTET 20 EURO!" ABENDS AM STAMMTISCH BERICHTET ER VON SEINEM GLÜCK! EIN KOLLEGE MEINTE, ER HÄTTE AUCH DAS PROBLEM UND GEHT AM NÄCHSTEN TAG EBENFALLS ZU DEM ARZT! ER SCHILDERT DAS PROBLEM MIT DEM BLAUEN RING UM DEN PENIS UND OB ER AUCH IHM HELFEN KÖNNE. DER ARZT ANTWORTET: „JA, KOSTET 200 EURO!" DER PATIENT FRAGT, WIE ES SEIN KANN, DASS ES BEI IHM 200 EURO UND BEI SEINEM KOLLEGEN GESTERN NUR 20 EURO GEKOSTET HÄTTE! DARAUFHIN DER ARZT „BEI IHREM FREUND WAR ES LIPPENSTIFT UND BEI IHNEN KRAMPFADERN."

Kommt ein Arzt zum Himmelstor und steht Petrus gegenüber. Sagt Petrus: „Lieferanten zum Hintereingang bitte."

Patient zum Arzt: „Ich bin vom Baum gefallen."
Arzt: „Oh! Hoch?"
Patient: „Nee, runter."

ARZT: „IHR HUSTEN HÖRT SICH ABER SCHON VIEL BESSER AN.“
PATIENT: „KEIN WUNDER, ICH ÜBE JA AUCH TAG UND NACHT.“

MANN KOMMT ZUM ARZT, DER SAGT: „ICH HABE EINE GUTE UND EINE SCHLECHTE NACHRICHT, WELCHE ZUERST?“
„ZUERST DIE GUTE!“
„OK, WIR WERDEN DIE KRANKHEIT NACH IHNEN BENENNEN.“

KOMMT EIN TSCHECHE ZUM AUGENARZT. DER HÄLT IHM DIE BUCHSTABENTAFEL VOR, AUF DER STEHT C Z W X N Q Y S T A C Z UND FRAGT IHN:
„KÖNNEN SIE DAS LESEN?“
„LESEN?“, RUFT DER TSCHECHE ERSTAUNT AUS, „ICH KENNE DEN KERL!“

ARZT ZUM PATIENTEN: „TRINKEN SIE?“
PATIENT: „OCH, WAS HAM‘ SE DENN DA?“

BAUERN- & BERUFSWITZE

Fritzchen steht am Feld und weint und weint. Da kommt der Bauer vorbei und fragt: „Warum weinst du?“ Darauf Fritzchen: „Meine Mutter ist in die Jauchegrube gefallen!“ Der Bauer sucht und sucht. Nach längerer Zeit sagt er zu Fritzchen: „Ich kann deine Mutter nicht finden!“ Darauf Fritzchen: „Mist, dann brauche ich die Schraube auch nicht mehr!“

Zwei Angler treffen sich. Fragt der eine: „Beißen die Fische?“ „Nein“, sagt der andere, „die kannst du ruhig streicheln.“

SAGT EINE FRAU ZU EINEM JUWELIER: „ENTSCHULDIGEN SIE BITTE DIE FEUCHTEN GELDSCHEINE, MEIN MANN HAT GEWEINT, ALS ER SIE MIR GAB.“

EIN STOTTERER FINDET EINEN NEUEN JOB. ER SOLL VON TÜR ZU TÜR GEHEN UND BIBELN VERKAUFEN. ZUM ANFANG BEKOMMT ER VON SEINEM CHEF 100 STÜCK. NACH ZWEI STUNDEN SIND ALLE VERKAUFT.
„WIE HABEN SIE DAS DENN GEMACHT?", FRAGT IHN DER CHEF. STOTTERND HÖRT ER DIE ANTWORT: „GAAAAANZ EEINFACH, IIIICH HAHAHAB GESSGESSAGT, WWWWENNNN SIIE KKKKEINNNE BIBIBIBEL KAAUUFFFEN, DAAAANN LESE IIIICH DAARAUS VOR."

Die letzten Worte des Sportlehrers: „Alle Speere zu mir."

DER UNTERSCHIED ZWISCHEN EINEM DEUTSCHEN ARBEITNEHMER UND EINER PIZZA CALZONE? DIE PIZZA ERNÄHRT EINE VIERKÖPFIGE FAMILIE.

Die letzten Worte des Turmspringers: „Meine Fresse, ist das Wasser heute klar."

EIN LKW-FAHRER RUFT SEINEN CHEF AN UND SAGT: „CHEF, DER SPIEGEL IST KAPUTT.“
DER CHEF SAGT: „DANN TAUSCH DEN KAPUTTEN SPIEGEL AUS.“ „GEHT NICHT“, SAGT DER FAHRER, „DA LIEGT DER LKW DRAUF.“

Matrose: „Land in Sicht."
Kapitän: „Das ist richtig, wir haben ja auch noch nicht abgelegt."

Ein Mann kommt in eine Bäckerei und sagt: „Ich hätte gerne einen Liter Milch." Sagt die Verkäuferin: „Ich habe nur fettarme." Sagt der Mann: „Das sehe ich, was ist jetzt mit meiner Milch?"

Ein Pizzabäcker fragt eine Kundin: „Wollen Sie die Pizza in sechs oder acht Stücken?" „Sechs", sagt die Kundin, „acht kriege ich nicht auf."

„Ich hätte gerne 300 Gramm Leberwurst, von der groben, fetten."
„Tut mir leid, die hat heute Berufsschule."

Ein Mann mit einem Buckel kommt in eine Bäckerei und sagt: „Ich hätte gerne ein Brot." Sagt der Bäcker: „Schlucken Sie das andere doch erstmal runter."

Am letzten Tag eines Managerseminars bittet der Seminarleiter die 30 Teilnehmer nochmal in den Tagungsraum.
„Zum Abschluss", sagt er, „möchte ich noch ein bisschen Allgemeinwissen testen, ich nenne ein Zitat und Sie sagen mir, wer es wann und wo gesagt hat." Und er fängt an: „Vom Eise befreit sind Strom und Bäche ..." Alles im Saal ist ruhig. Nur hinten steht ein kleiner Japaner auf und sagt: „Johann Wolfgang von Goethe, Faust, Osterspaziergang, 1806." Die Teilnehmer nicken anerkennend, obwohl es niemand von ihnen wusste.
Der Seminarleiter sagt das nächste Zitat. „Der Mond ist aufgegangen, die goldenen Sternlein prangen ..."
Der Japaner steht wieder auf und sagt: „Matthias Claudius, Abendlied, 1779." Die anderen Teilnehmer schauen peinlich zu Boden. Das nächste Zitat: „... fest gemauert in der Erde steht die Form aus Lehm gebrannt". „Schiller", ruft der Japaner. „Das Lied von der Glocke, 1799".
Jetzt finden die anderen Teilnehmer das Ganze langsam sehr ärgerlich und einer murmelt „scheiß Japaner".
Darauf der Japaner: „Max Grundig, CeBIT, 1982."

Ich habe mal einem Kollegen gesagt: „Ich glaube, ich habe ein Déjà-vu.“ Hat er geantwortet: „Hast du das nicht schon mal gesagt?“

Nach einer Durchsage vergisst der Pilot das Mikrofon auszumachen und sagt zu seinem Co-Piloten: „So, jetzt geh ich erst mal kacken und dann vernasche ich noch die blonde Stewardess.“ Die Stewardess hört das hinten im Flugzeug und rennt nach vorne, fällt aber im Gang hin. Sagt ein Passagier: „Ganz ruhig, der ist doch erst noch kacken.“

Zwei Fallschirmspringer auf dem Weg nach unten. Sagt der eine: „Guck mal, die Menschen da unten. Die sehen aus wie Ameisen.“ Sagt der andere: „Zieh an der Leine, das sind Ameisen.“

Zwei Bauarbeiter treten sich mit voller Wucht in die Eier. Fragt eine vorbeikommende Frau: „Tut das nicht weh?“ „Nein“, sagt einer der beiden, „wir haben Stahlkappen-Schuhe an.“

Ein Arbeitnehmer ruft seinen Chef an. „Chef, ich kann nicht arbeiten kommen.“ „Warum nicht?“, fragt der Chef. „Ich fühle mich heute nicht so gut“, sagt der Arbeitnehmer. „Wie? Du fühlst dich nicht gut?“, fragt der Chef. Und sagt weiter: „Wenn ich mich nicht gut fühle, dann lass ich mich von meiner Frau oral verwöhnen. Dann geht es mir wieder gut.“ „Ich weiß nicht Chef“, kriegt er als Antwort. „Ich melde mich gleich.“ Und der Arbeitnehmer legt auf. 30 Minuten später klingelt wieder das Telefon beim Chef und er hört den Arbeitnehmer sagen: „Hömma Chef, ich komm gleich. War ’ne sehr gute Idee, ich bin wieder fit. Übrigens Chef, du hast eine sehr schöne Wohnung.“

Auf einer Baustelle fragt der Polier die Arbeiter: „Seht ihr da vorne die Fliege auf dem Gerüst?“ Alle schütteln mit dem Kopf. „Alles klar“, sagt der Polier, „Arbeit einstellen wegen schlechter Sicht. Feierabend.“

EIN BOXER GEHT ZU BODEN. DA RUFT SEIN TRAINER: „BLEIB LIEGEN BIS 8.“ FRAGT DER BOXER: „WIE SPÄT IST ES DENN JETZT?“

„Herr Ober, Sie haben ja Ihren Daumen auf meinem Schnitzel.“
Darauf der Ober: „Ja, soll es mir nochmal runterfallen?“

DER BAUER UND SEIN KNECHT ARBEITEN AUF IHREM BAUERNHOF. DA FÄNGT ES AN ZU REGNEN UND DER BAUER SAGT ZUM KNECHT: „GEH' MAL INS HAUS UND HOL MEINE STIEFEL!" „BEI DEM SCHEISSWETTER?", ANTWORTET DER KNECHT. „GEH DOCH SELBST." DER BAUER ANTWORTET: „BIN ICH DER BAUER ODER DU? ALSO HOL MIR GANZ SCHNELL MEINE STIEFEL." SAUER GEHT DER KNECHT INS HAUS. DORT SITZEN DIE HÜBSCHE TOCHTER UND DIE NICHT MINDER HÜBSCHE FRAU DES BAUERN. DER KNECHT SAGT: „DER BAUER HAT GESAGT, IHR BEIDEN SOLLT EUCH KOMPLETT AUSZIEHEN UND ICH SOLL ES EUCH DANN RICHTIG BESORGEN." „DAS HAT DER BAUER NIE GESAGT", SAGT DARAUF DIE BÄUERIN. „DOCH, ICH BEWEISE ES", SAGT DER KNECHT, MACHT DAS FENSTER AUF UND RUFT ZUM BAUERN: „ALLE BEIDE?"

„NATÜRLICH ALLE BEIDE", RUFT DER BAUER ZURÜCK. „OK", SAGT DER KNECHT, DREHT SICH ZU DEN FRAUEN UND SAGT: „NA, ÜBERZEUGT?"

Wie nennt man einen zurückhaltenden Karatekämpfer?
Das ist ein Nunja.

Was sind Sie von Beruf? „Zauberer." „Was machen Sie da?" „Ich zersäge Frauen." „Haben Sie noch Verwandte? „Ja, zwei Halbschwestern."

„Herr Ober, ich bestelle jetzt schon zum vierten Mal bei Ihnen." Darauf der Ober: „Schön, dass es Ihnen bei uns so gut schmeckt."

EIN MANN SAGT ZU EINEM SCHÄFER: „ICH WEISS GENAU, WIE VIELE SCHAFE SIE HABEN." „DAS GLAUBE ICH NICHT", ANTWORTET DER SCHÄFER UND SAGT WEITER: „WENN SIE MIR WIRKLICH SAGEN KÖNNEN, WIE VIELE SCHAFE ICH HABE, KÖNNEN SIE SICH EINS AUSSUCHEN." „OK", SAGT DER MANN, „SIE HABEN 512 SCHAFE." „UNGLAUBLICH", SAGT DER SCHÄFER, „DAS IST RICHTIG, SUCHEN SIE SICH EIN SCHAF AUS." DER MANN MACHT DAS. DER SCHÄFER FRAGT: „SIE KOMMEN NICHT ZUFÄLLIG AUS OSTFRIESLAND?" „DOCH", SAGT DER MANN. „WORAN SEHEN SIE DAS?" „NUN", SAGT DER SCHÄFER, „SIE HABEN MEINEN SCHÄFERHUND AUF DEM ARM."

ZWEI BAUERN LAUFEN RUM, DA SAGT DER EINE: „GUCK MAL, DA BUMST EINER DEINE FRAU AUF DEINEM FELD.“ SAGT DER ANDERE: „DAS IST DOCH GAR NICHT MEIN FELD.“

Fritzchen bemerkt bei seiner Lehrerin, als diese etwas an die Tafel schreibt, dass sie unter den Armen rasiert ist und sagt es dann auch laut in der Klasse: „Frau Lehrerin, Sie sind ja unter den Armen rasiert.“ Die Lehrerin sagt: „Fritzchen, du gehst jetzt nach Hause und denkst mal einen Tag nach, was du da gerade gesagt hast.“
Am nächsten Tag kommt Fritzchen wieder in die Schule und die Lehrerin trägt heute einen Rock. Fritzchen sagt: „Frau Lehrerin, Ihre Beine sind ja auch rasiert.“ „So Fritzchen, jetzt gehst du nach Hause und bleibst einen Monat dort. Das lasse ich mir nicht gefallen.“ Einen Monat später ist Fritzchen wieder in der Klasse und die Lehrerin trägt wieder einen Rock. Sie lässt aus Versehen ein Stück Kreide fallen, bückt sich, um die Kreide aufzuheben. Da steht Fritzchen auf und sagt laut: Wir sehen uns im nächsten Schuljahr.“

Mich hat eine Prostituierte am Hauptbahnhof angesprochen und hat gesagt, für 50 Euro macht sie alles. Sie hat jetzt bei mir Laminat verlegt.

Der Richter sagt zu einem Angeklagten: „Sie sind festgenommen worden, weil Sie behauptet haben, Sie hätten eine Pille für das ewige Leben erfunden, wurden Sie deswegen schon einmal festgenommen?" „Ja", sagt der Angeklagte, „einmal 1612, 1723 und 1870."

Drei Angeklagte stehen vor einem schielenden Richter. Der Richter fragt den ersten Angeklagten: „Wo waren Sie in der Nacht zum letzten Donnerstag?" „Da war ich zu Hause", antwortet der zweite Angeklagte. „Sie habe ich doch gar nicht gefragt", sagt der Richter. Darauf antwortet der dritte Angeklagte: „Ich habe auch gar nichts gesagt."

Eine Frau geht auf den Markt und sagt: „Ich hätte gerne fünf Pfund Kartoffeln." Sagt die Verkäuferin: „Das heißt jetzt Kilo." „Wie?", fragt die Frau, „nicht mehr Kartoffeln?"

Ein Einarmiger geht zu einem Friseur und bekommt einen Auszubildenden, der ihm die Haare schneidet. Der Azubi schneidet ihm dabei ins Ohr, sticht ihm in die Wange, verletzt den Kopf.
Danach fragt der Friseur: „Waren Sie schon des Öfteren hier?"
„Nein", sagt der Kunde, „den Arm habe ich im Krieg verloren."

Wissenschaftler haben herausgefunden, dass einer von drei Politikern genauso korrupt ist wie die anderen beiden.

Wenn mein Käselieferant stirbt, muss ich dann die Käsefähnchen auf Halbmast setzen?

Wenn dich jemand beim Bewerbungsgespräch fragt, wann du das letzte Mal Alkohol getrunken hast, dann gucke bloß nicht auf die Uhr.

„Warum wollen Sie den Bundeswehrdienst verweigern?“ Antwort: „Ich kann das Schießen nicht hören.“ „Keine Angst, wir schießen so laut, das hört jeder.“

Der Polizist war so faul, der hatte ein Schild: „Bitte nicht folgen.“

Der Vertreter kommt auf den Hof und fragt die Bäuerin: „Wo finde ich denn Ihren Mann?“ Darauf sie: „Im Schweinestall. Sie erkennen ihn an der blauen Mütze.“

Ein Bauer steht mit seiner Kuh an einer Autobahn und will per Anhalter fahren. Ein Porsche hält, der Fahrer macht das Fenster runter und sagt: „Sie kann ich gerne mitnehmen, aber ihre Kuh natürlich nicht." „Ach was", sagt der Bauer, „die machen wir hinten an der Anhängerkupplung, sorry, am Scheibenwischer fest und dann los, die kann das ab." „Aber das geht doch nicht", sagt der Fahrer. In dem Moment hat der Bauer die Kuh schon festgebunden und setzt sich auf den Beifahrersitz. „Ok", sagt der Fahrer und fährt langsam los. Er fährt so 50 bis 60, da sagt der Bauer: „Ich dachte, das ist hier ein Porsche, der kann ja gar nichts." Sagt der Fahrer: „Ich könnte schneller, aber Ihre Kuh." Der Bauer dreht sich um und sagt: „Da ist alles in Ordnung, gib Gas." Der Porsche fährt nun um die 100 km/h. „Doll ist das aber immer noch nicht", sagt der Bauer. „Ich könnte ja schneller, sagt der Fahrer, aber was ist mit der Kuh?" Der Bauer dreht sich um und sagt: „Da passiert nichts, auf geht's." Der Fahrer gibt Gas, fährt ca. 160 km/h, guckt in den Rückspiegel und sieht, wie die Kuh den Kopf schnell hin- und herbewegt und ganz große Augen macht. „Oh", sagt der Fahrer, „schauen Sie mal Ihre Kuh!" Der Bauer dreht sich um und sagt: „Den Blick kenne ich, da will die überholen."

In der Schule sagt die Lehrerin: „Fritzchen, nenne bitte drei Tiere“. „Ein Hündchen, ein Kätzchen, ein Pferdchen.“ „Sehr gut“, sagt die Lehrerin, „nur lasse bitte das chen weg.“ „Ok, ein Eichhörn, ein Frett, ein Kanin.“

Im Supermarkt steht ein Mann in der Kassenschlange und ruft zur Kassiererin rüber, ob sie nicht mal eine zweite Kasse aufmachen könnten. Darauf die Kassiererin: „Meinen Sie, das geht schneller, wenn ich hier hin- und herspringe?“

Drei Bauern sitzen auf einer Parkbank. Sagt der erste: Meine Frau hat das „Doppelte Lottchen“ gelesen und hat Zwillinge bekommen.
Sagt der zweite: Ist doch gar nix. Meine Frau hat Schneewittchen und die 7 Zwerge gelesen und hat Siebenlinge bekommen.
Springt der dritte erschrocken auf: Sorry, ich muss schnell nach Hause. Meine Frau liest gerade Ali Baba und die 40 Räuber!“

Tourist: „Wie viele Schafe haben Sie ungefähr?“
Bauer: „Genau 5378 Tiere.“
Tourist: „Donnerwetter! Woher wissen Sie das so genau? Haben Sie einen Trick beim Zählen?“
Bauer: „Ja, ich zähle die Beine und teile das dann durch vier.“

Ein Klempner schellt an einer Tür und drinnen hört er eine Stimme: „Wer ist da?“ Er antwortet: „Der Klempner.“ Und wieder kommt die Frage: „Wer ist da?“
„Der Klempner“, kommt wieder als Antwort. Und wieder kommt die Frage: „Wer ist da?“
„Der Klempner“, ruft dieser schon etwas lauter. Das geht fünf Minuten so. Der Klempner bekommt einen Schwächeanfall und fällt um. Eine Frau mit Einkaufstüten kommt zur Tür. Öffnet diese und schaut verwundert auf den Mann am Boden. Sie fragt ihren Papagei: „Wer ist das?“ Und der Papagei antwortet: „Der Klempner.“

ES KLINGELT AN DER TÜR. VON DRINNEN RUFT EINER: „WER IST DA?“ „DIE POLIZEI!“ „WIR HABEN NUTTEN BESTELLT“, KOMMT VON INNEN. DER POLIZIST SAGT: „IHRE NACHBARN HABEN UNS BESTELLT.“ DARAUF KOMMT VON INNEN: „DANN SOLLEN DIE EUCH FICKEN.“

Zwei Arbeiter im Park. Der eine buddelt ein Loch, der andere schüttet es direkt wieder zu. „Was soll denn dieser Blödsinn?“, fragt eine Frau. „Ach, wissen Sie, sagt einer der beiden, normalerweise sind wir zu dritt, aber der, der den Baum einsetzt, ist heute krank.“

FRAUEN-WITZE

Eine Blondine kauft beim Möbelhaus einen Schrank und erkundigt sich beim Verkäufer: „Passt der denn auch in mein Auto?" Verkäufer: „Was für ein Auto fahren sie denn?" Blondine: „Ein grünes."

DIE FRAU IST SEHR ARROGANT. SIE SAGT IMMER: „ICH SEHE WAS, WAS DU NICHT SIEHST UND DAS SIEHT GUT AUS."

Eine Polizistin sieht 'ne Blondine, die gegen eine Laterne klopft und „Hallo" ruft. Sie geht hin und fragt, was sie da macht. Die Blondine zeigt ihr einen Zettel, der am Baum hängt: „Zimmer frei". Da sagt die Polizistin: „Ach so, vielleicht ist ja keiner zu Hause?" Aber darauf weist die Blondine nach oben und sagt: „Aber da brennt doch Licht!" Da nimmt die Polizistin ihren Hut ab, schüttelt ihre blonde Mähne und hämmert gegen die Laterne: „Polizei, machen Sie auf, wir wissen, dass Sie da sind! Bei Ihnen brennt Licht!"

Sagt ein Gärtner: „Frau Nachbarin, Sie müssen mal nackt durch den Garten laufen, dann werden die Tomaten rot!"
Darauf antwortet die Nachbarin: „Das habe ich schon versucht, jetzt sind die Gurken 40 cm lang."

Eine Frau kommt aus einem Supermarkt, da kommt ihr ein Exhibitionist entgegen und macht seinen Mantel auf. Da haut sich die Frau auf die Stirn und sagt: „Mist, ich hab die Shrimps vergessen."

„Mama, du kannst die elektrische Eisenbahn von meinem Wunschzettel streichen. Ich habe eine bei euch im Schrank gefunden."

Wie nennt man eine Lesbe mit langen Fingernägeln? Antwort: Single.

ZWEI BLONDINEN SUCHEN IM WALD NACH EINEM WEIHNACHTSBAUM. NACH ÜBER ZWEI STUNDEN SAGT DIE EINE: „WAS SOLL'S! WIR NEHMEN EINFACH EINEN OHNE KUGELN."

SOHN: „PAPA, KANNST DU MIR FRAUENLOGIK ERKLÄREN?"
VATER: „NATÜRLICH, MEIN SOHN. DU HAST HAUSARREST. GEH AUF DEIN ZIMMER!"
SOHN: „WAS? WARUM DAS DENN?"
VATER: „GURKENSALAT!"

Drei Freundinnen kommen bei einem Verkehrsunfall ums Leben und deshalb in den Himmel. Am Himmelstor wartet Petrus auf sie.
„Ihr werdet das Paradies vorfinden. Es wird euch an nichts mangeln. Aber ihr müsst eine wichtige Regel beachten: Tretet niemals auf eine Ente!"
Die drei denken sich, dass das nicht so schwer sein kann. Als sie jedoch den Himmel betreten, fällt ihnen auf, dass der ganze Boden mit Enten bedeckt ist.
Es dauert nicht lang, bis die erste Freundin auf eine Ente tritt.
Petrus kommt mit einem hässlichen Mann daher und fesselt ihn an die Frau. „Du bist auf eine Ente getreten, also bist du nun bis in die Ewigkeit mit diesem Mann verbunden."
Nach einer Weile tritt die zweite Freundin auf eine Ente. Erneut kommt Petrus daher. Diesmal mit einem noch hässlicheren Mann. Er kettet ihn an die Frau und sagt: „Du bist auf eine Ente getreten, also bist du nun bis in die Ewigkeit mit diesem Mann verbunden."
Kurze Zeit später tritt auch die dritte Freundin auf eine Ente. Petrus kommt mit einem bildschönen Mann daher. Er kettet ihn an die Frau. Die Frau ist ganz überrascht und fragt den Mann: „Was haben wir nur getan, dass wir für die Ewigkeit verbunden sind?"
Der Mann antwortet: „Ich weiß ja nicht, was du getan hast, aber ich bin auf eine Ente getreten!"

EIN MASKIERTER UND BEWAFFNETER MANN STÜRMT IN EINEN LADEN UND POSTIERT SICH VOR DER KASSIERERIN.
„LOS, TRESOR AUFMACHEN!"
KASSIERERIN: „SIE IRREN SICH. WIR SIND EINE SAMENBANK UND KEINE GELDBANK."
„SCHNAUZE, LOS ZUM TRESOR UND AUFMACHEN!"
DIE BEIDEN GEHEN ZUM TRESOR. UNTERWEGS VERSUCHT DIE FRAU VERGEBLICH, DEM MASKIERTEN BEGREIFLICH ZU MACHEN, DASS HIER KEIN GELD AUFBEWAHRT WIRD.
AM TRESOR ANGEKOMMEN:
„LOS, AUFMACHEN. SOFORT."
DIE FRAU ÖFFNET DEN TRESOR. DRIN STEHEN SAMENSPENDEN VON PROMINENTEN.
ER: „LOS, AUFMACHEN UND TRINKEN."
SIE: „WAS? IGITT. BITTE NICHT!"
ER: „LOS, TRINKEN, ODER ES PASSIERT WAS!"
SIE TRINKT DEN ERSTEN BECHER.
ER: „LOS, NOCH EINEN!"
SIE TRINKT DEN ZWEITEN.
ER: „LOS, WEITER!"
SIE TRINKT DEN DRITTEN BECHER.
DARAUF STELLT DER MANN DAS GEWEHR BEISEITE, NIMMT DIE MASKE VOM KOPF UND SAGT:
„SIEHSTE SCHATZ, GEHT DOCH!"

(VIELLEICHT SOLLTET IHR WISSEN, DASS ICH DIESEN WITZ VON EINER FRAU, TANJA D., GESCHICKT BEKOMMEN HABE.)

Drei ältere Damen unterhalten sich. Sagt eine: „Ich habe gestern einen Porno gesehen, da haben die geleckt, wo wir Pipi machen."
„Echt?", kriegt sie zur Antwort.
„Am Deckel oder an der Brille?"

Zwei ältere Damen schauen sich einen Boxkampf an. Einer der Boxer geht zu Boden. Sagt die eine Dame zur anderen: „Der steht nicht auf, den kenne ich aus der U-Bahn."

„Schatz, ich habe solche Kopfschmerzen. Hast du etwas dagegen?" „Nein, das ist schon in Ordnung, dass du Kopfschmerzen hast."

Drei Frauen kommen vom Einkaufen zu ihrem Wohnblock zurück. Hinter dem Haus liegt ein Mann nackt auf der Wiese, sonnt sich und hat ein Handtuch über dem Kopf.
Sagt die erste: „Mein Mann ist das nicht."
Sagt die zweite: „Meiner ist das auch nicht."
Sagt die Dritte: „Der ist gar keiner aus unserem Haus."

Zwei Kegelclubs, einer nur mit Dunkelhaarigen, der andere nur mit Blondinen, charterten einen Doppeldeckerbus für die Teilnahme an einem auswärtigen Kegelturnier.
Das Team der Dunkelhaarigen belegte den unteren Bus, während die Blondinen oben Platz nahmen.
Recht bald herrschte unten im Bus eine Bombenlaune, man hatte Riesenspaß.
Plötzlich bemerkte die Vorsitzende der Dunkelhaarigen, dass man von den Blondinen oben gar nichts hörte und entschloss sich, der Sache nachzugehen.
Als sie das Oberdeck betrat, saßen die Blondinen steif vor Angst auf ihren Sitzen, starrten voller Panik auf die Straße vor ihnen und klammerten sich mit verkrampften Händen an die Lehnen der Vordersitze.
Die Dunkelhaarige rief: „Mädchen, was ist denn los ...? Wir haben einen Mordsspaß da unten ...“
Eine der Blondinen schaute sie verstört an, schluckte schwer und flüsterte:
„KEIN WUNDER ... IHR HABT JA AUCH EINEN FAHRER!“

Zwei Blondinen duschen. „Gib mir mal dein Shampoo bitte!" „Du hast doch selbst eins dabei!" „Ja, aber das ist für trockenes Haar."

Drei Frauen spielen Karten gegen Einsatz! Fragt die erste: „… und um was spielen wir diesmal?"
Sagt die zweite: „… um den Pudding!"
Sagt die Dritte: „Och nääää … deinen Mann will ich nicht geschenkt haben!"

ZWEI BLONDINEN SPAZIEREN AM STRAND ENTLANG UND FINDEN DORT ZWEI BOMBEN. DIE EINE: „DU, WIR MÜSSEN SOFORT ZUR POLIZEI!" DIE ANDERE: „UND WENN EINE EXPLODIERT?" „DANN SAGEN WIR EINFACH, WIR HÄTTEN NUR EINE GEFUNDEN."

KNEIPEN-WITZE

SIE: „MUSST DU EIGENTLICH JEDEN ABEND SO SPÄT AUS DER KNEIPE NACH HAUSE KOMMEN?“

ER: „NEIN, DAS MACH ICH FREIWILLIG.“

Zwei Freunde stehen im Wirtshaus an der Theke.
Seufzt der eine: „Ich möchte so gern nach Hause gehen."
„Und warum gehst du dann nicht?"
„Weil meine Frau sauer ist."
„Und warum ist sie sauer?"
„Weil ich nicht nach Hause komme …"

EIN MANN SITZT IN DER KNEIPE UND STREICHELT EIN KLEINES WEISSES PFERD, DAS AUF SEINEM SCHOSS SITZT.
FRAGT IHN DER WIRT: „WOHER HAST DU DAS PFERD?"
SAGT DER MANN: „DRAUSSEN VOR DER KNEIPE IST EINE FEE, DIE ERFÜLLT DIR EINEN WUNSCH."
DER WIRT GEHT RAUS, UND TATSÄCHLICH STEHT DA EINE FEE.
KOMMT DER WIRT ZURÜCK IN DIE KNEIPE. UNTERM ARM TRÄGT ER ZWEI MELONEN UND VIELE KLEINE FERKEL STEHEN UM IHN HERUM. SAGT DER WIRT: „DU HÄTTEST MIR RUHIG SAGEN KÖNNEN, DASS DIE FEE SCHWERHÖRIG IST." ICH HABE MIR ZWEI MILLIONEN IN KLEINEN SCHEINEN GEWÜNSCHT."
SAGT DER GAST: „JA, GLAUBST DU, ICH HAB MIR EINEN 30 CM GROSSEN SCHIMMEL GEWÜNSCHT?"

Sitzt einer an der Theke und meckert: „Vor ein paar Jahren hast du für fünf Euro noch Brot, Milch, Käse, Bier und Zigaretten bekommen, heute hängen überall Kameras."

EIN MANN KOMMT
IN EINE KNEIPE,
DA SITZEN 22 ZWERGE
AN DER THEKE.
FRAGT DER MANN DEN
WIRT: „WAS IST DENN
HIER LOS? IST DER
KICKER KAPUTT?"

Zwei Schulfreunde treffen sich nach langer Zeit wieder, sagt der eine zum anderen: „Mensch, ewig nicht mehr gesehen, lass uns doch in die Kneipe etwas trinken gehen."
Der andere sagt: „Würde ich gern, aber ich habe nur fünf Euro dabei."
Sagt der andere: „Ach, kein Problem, lass mich mal machen, gib mal her die fünf Euro, ich zeige dir, was ich damit mache." Er nimmt das Geld und geht damit rüber zur Metzgerei, als er zurückkommt, fragt der andere, was das soll und warum er mit dem Geld zum Metzger gegangen ist. Der sagt: „Ich habe eine Bockwurst gekauft!" „Warum?", fragt der andere. „Ganz einfach, wir gehen jetzt in die Kneipe, und wenn wir genug getrunken haben, dann nehme ich die Wurst, stecke sie von oben in meine Hose und ziehe sie vorne am Reißverschluss wieder heraus, dann nimmst du die Bockwurst in den Mund und lutscht daran. Wenn der Wirt der Kneipe das sieht, dann wird er sagen: ‚Was macht ihr da, ihr Ferkel?', und schmeißt uns raus und wir brauchen nix zu bezahlen."
Gesagt, getan, es funktioniert, sie machen es in der ersten, in der zweiten und in der dritten Kneipe, aber nach der vierten sagt der eine Kumpel zum anderen: „Ich habe jetzt keine Lust mehr, mir tut schon der ganze Kiefer weh vom ewigen Lutschen an der Bockwurst." „Ach, die Bockwurst, die hatte ich schon nach der zweiten Kneipe verloren."

KOMMT EIN BESOFFENER IN EINE KNEIPE. DORT STEHT EINE FRAU, ANGELEHNT AN EINEM PFEILER UND UNTER DEM ARM NICHT RASIERT. SAGT ER ZUM WIRT: „PUH, GIB DER TÄNZERIN DOCH AUCH EIN BIER.“ DER WIRT: „WOHER WEIßT DU, DASS DIE TANZT?“ ER: „WER SEIN BEIN SO HOCH KRIEGT ...“

Unterhalten sich zwei an der Theke, sagt der eine: „Mein sehr guter Freund Jochen ist gestern mit meiner Frau durchgebrannt.“ Fragt der andere: „Seit wann ist denn Jochen ein sehr guter Freund von dir?“ Sagt der erste: „Seit gestern.“

„HERR OBER, DAS SCHNITZEL IST TOTAL UNGENIEßBAR.“
„ICH HABE SCHON SCHNITZEL GEMACHT, DA WAREN SIE NOCH GAR NICHT AUF DER WELT.“
„ABER WARUM SERVIEREN SIE ES DANN ERST HEUTE?“

Unterhalten sich zwei an der Theke. Fragt der eine: „Was hast du denn für ein Hobby?" „Bogenschießen", sagt der andere. „Oh, Hut ab, geradeaus ist ja schon schwer."

„Herr Ober, ich möchte was essen. Irgendwas, was schnell geht, ich muss gleich weg."
„Nehmen Sie das Schnitzel, das muss auch weg."

ZWEI LEUTE SITZEN AN DER THEKE. FRAGT DER EINE: „WAS MACHST DU DENN IM MOMENT SO?" „ICH MACHE EINEN PSYCHOLOGIEKURS", SAGT DER ANDERE. „ECHT, WORUM GEHT ES DENN DA?" „UM LOGIK", KRIEGT ER ALS ANTWORT. „PASS MAL AUF", ERZÄHLT ER WEITER, „DU HAST DOCH EIN AQUARIUM." „JA, HAB ICH."
„WENN DU EIN AQUARIUM HAST, DANN HAST DU AUCH FISCHE." „RICHTIG", KOMMT ALS ANTWORT. „WENN DU FISCHE HAST, LIEBST DU TIERE." „STIMMT." „SIEHST DU, WENN DU TIERE LIEBST, LIEBST DU AUCH MENSCHEN." „JO," KOMMT ZURÜCK.
„WENN DU MENSCHEN LIEBST, DANN LIEBST DU AUCH FRAUEN." „NATÜRLICH", KOMMT SOFORT ALS ANTWORT. „ALSO, WENN DU FRAUEN LIEBST, BIST DU NICHT SCHWUL. SIEHST DU, DAS IST LOGIK."
„DAS IST JA KLASSE."
ER VERSUCHT DAS NEU ERLERNTE AM NÄCHSTEN TAG BEI JEMANDEM ANZUBRINGEN UND SAGT: „HI, WEISST DU, WAS LOGIK IST?" DER GEFRAGTE SAGT: „NEIN". „PASS AUF, DU HAST DOCH EIN AQUARIUM."
„NEIN", SAGT DER GEFRAGTE.
„DU SCHWULE SAU!"

Unterhalten sich zwei Kollegen. Sagt der eine: „Ich habe in einer Kneipe eine süße Kellnerin kennengelernt, die sagte mir, dass sie mich nach der Arbeit anruft. Die Arme arbeitet jetzt schon 72 Stunden."

FRAU MEIER KOMMT ZUM ARZT UND WEINT BITTERLICH. AUF DIE FRAGE DES ARZTES, WAS LOS SEI, ERZÄHLT FRAU MEIER, DASS SEIT JAHREN MIT IHREM MANN SEXUELL NICHTS MEHR LOS IST.
„KEIN PROBLEM", SAGT DER ARZT, „HIER HABEN SIE EINE PILLE. DIE GEBEN SIE IHREM MANN INS ESSEN UND ALLES WIRD GUT."
NACH EINER WOCHE TRIFFT DER ARZT DIE FRAU AUF DER STRAßE.
„HALLO, FRAU MEIER, HAT DAS MIT DER PILLE GEKLAPPT?"
„NAJA, HERR DOKTOR, ICH HABE MEINEM MANN DIE PILLE INS ESSEN GELEGT. ER HAT GUT GEGESSEN, DANN BEKAM ER GROßE AUGEN. HAT MIR DIE KLEIDER VOM LEIB GERISSEN UND MICH AUF DEM TISCH SO RICHTIG GENAGELT."
„NA, DAS IST DOCH SCHÖN, FRAU MEIER!"
„JA, SCHON HERR DOKTOR, ABER IN DER KNEIPE BRAUCHEN WIR UNS NICHT MEHR SEHEN LASSEN!"

Zwei Typen sitzen an der Theke. Sagt der eine: „Hömma, ich trinke keinen Alkohol mehr. Alkohol greift das Gedächtnis an."
Fragt der andere: „Was greift das Gedächtnis an?"
Sagt der erste: „Keine Ahnung. Prost."

Ein Mann mit einem blauen Auge sitzt an der Theke. Fragt ein anderer: „Wo hast du denn das Veilchen her?“ „Ist mir im Aufzug passiert.“
„Wie, im Aufzug?“
„Ja, ich stand da so im Aufzug, da kam eine Frau rein und fragte mich, ob ich für sie die zwei drücken kann. Das habe ich wohl falsch verstanden.“

Eine Frau kommt in eine Kneipe, da sitzen drei Stotterer an der Theke und man merkt, die drei finden die Frau wirklich klasse. Ihr fällt das auf und sie sagt: „Wer von euch mir ein Bundesland stotterfrei aussprechen kann, mit dem werde ich noch heute schlafen.“ „Ok.“ Der erste fängt an NNNnooorrd – mmist. Der zweite versucht es auch – Baadbaadenwww – scheißßßßße. Der Dritte konzentriert sich und sagt – Sachsen-Aaaaaahnnn-fffffuuuuuuck.

Unterhalten sich zwei an der Theke. Sagt der eine: „Ich habe letzte Woche eine Frau kennengelernt und hab sie gefragt, ob sie mal mit mir einen Kaffee trinken gehen würde.“ Sie sagte: „Ja gerne, gegen 6.“ „Ne, sagte ich, einfach nur so.“

ZWEI LEUTE AN DER THEKE. SAGT DER EINE: „MEINE FRAU HAT EINEN NEUEN JOB.“ „WO DENN?“, FRAGT DER ANDERE. „KENNST DU DIE BÄCKEREI AUF DER FINKENSTRAẞE?“ „MEINST DU DIE, WO GEGENÜBER DER PUFF IST?“, FRAGT DER ANDERE. „GENAU“, SAGT DER ERSTE. GEGENÜBER VON DIESER BÄCKEREI, DA ARBEITET DIE JETZT.

An der Theke unterhalten sich zwei Männer. „Mein Gott“, sagt der eine, „Sie sehen aber beschissen aus. Wo kommen Sie her?“ „Baden-Baden“, kommt als Antwort. „Meine Fresse, stottern tut er auch noch.“

EIN BRASILIANER UND EIN DEUTSCHER SITZEN AN DER THEKE. DER BRASILIANER SAGT: „LASS UNS BITTE NICHT ÜBER FUẞBALL REDEN, IHR HABT GEGEN UNS 7:1 BEI DER WM GEWONNEN, BITTE NICHT ÜBER FUẞBALL REDEN.“ „JA, GUT“, SAGT DER DEUTSCHE, „WORÜBER SOLLEN WIR REDEN? ÜBER SEX?“ „JA“, SAGT DER BRASILIANER, „SEX IST GUT.“
SAGT DER DEUTSCHE: „MEIN GOTT, HABEN WIR EUCH GEFICKT.“

Ein Mann steht in einer Bäckerei, zeigt auf die Theke und sagt: „Das Ding da bitte." „Das heißt Schnecke", sagt die Verkäuferin. Darauf der Mann: „Ok, Schnecke, das Ding da bitte."

Unterhalten sich zwei an der Theke. Sagt der eine: „Weihnachten fällt auf einen Freitag." „Oh", sagt der andere, „dann hoffe ich, dass es kein 13. ist."

EIN TYP SITZT IN EINER KNEIPE UND SCHAUT EINE FRAU AN UND SAGT: „VON ALLEN FRAUEN, DIE ICH KENNE, BIST DU HEUTE HIER." DAS IST EIGENTLICH SCHADE.

Vier Freunde haben sich wie jeden Freitag auf ein Bierchen verabredet. Doch einer fehlt. Seine Frau hat ihm verboten zu kommen. Etwa eine Stunde später kommt dieser doch in die Kneipe. „Was ist passiert?", fragt einer aus der Runde. „Jo", sagt der zu spät Gekommene, „meine Frau hat sich Reizwäsche angezogen, mir Handschellen gegeben und mir ins Ohr geflüstert, ich dürfte alles machen, was ich möchte. Also, hier bin ich."

Zwei Typen sitzen in einer Kneipe und gegenüber hängt ein ganz großer Spiegel. Sagt der eine: „Guck mal, die beiden da drüben, die sehen so aus wie wir." „Ja", sagt der andere, „die sind bestimmt bei uns aus dem Dorf. Ich frage die mal." Er steht auf, sagt der andere: „Bleib sitzen, der kommt."

Zwei Typen an der Theke haben folgendes Gespräch: „Was machst du so im Moment?" „Wir machen jetzt Musik im Quartett." „Ja, wie viel seid ihr denn?" „Drei Mann." „Echt? Wer denn alles?" „Mein Bruder und ich." „Du hast einen Bruder?" „Nö."

In einer Kneipe sagt ein Mann zu einer Frau: „Wenn Sie mich so anlächeln, möchte ich Sie am liebsten zu mir einladen." „Sie sind aber ein Schmeichler", sagt die Frau. „Nein", sagt der Mann, „ich bin Zahnarzt."

Ein Mann spricht eine Frau in einer Kneipe an und sagt: „Hi, du siehst gut aus, hast du abgenommen?" Darauf die Frau: „Hast du mich gerade rückwirkend als hässlich und fett bezeichnet?" Darauf der Mann: „Aber nein, ich frag mich nur, wo ist dein fetter Arsch?" „Ach so", sagt sie, „der ist arbeiten."

LIEBLINGE AUSSER KATEGORIE

„ICH HABE IN EINER WG GEWOHNT, DA HAST DU DIR DIE SCHUHE ABGETRETEN, WENN DU RAUSGINGST.“

„Entschuldigung, ist das hier die Selbsthilfegruppe ‚Eisgekühlter Bommerlunder Ohrwurm'?“
„Ja, setz dich und nimm dir erstmal ein belegtes Brot mit Schinken.“
„SCHINKEN!!“

„Wie alt ist deine Tochter?“
„Acht, wird jetzt aber neun.“
„Ja ... Dat is typisch für das Alter.“

Ein Mann erzählt seinem Kumpel:
„Ich bin letztens zu der heißen Nachbarin rüber. Weil ich Angst hatte, mit Ständer vor ihr zu stehen, habe ich meinen Dödel mit Panzertape ans Bein geklebt. Als sie mir aufgemacht hat, hatte sie leider superheiße Hotpants an!“
Der Kumpel: „Und was hast du gemacht?“
„Ihr ins Gesicht getreten.“

„Sie können mit der Geige aber gar nicht umgehen.“
„Das ist ein Akkordeon.“
„Oh, mit Kritik also auch nicht!“

Ein Bankräuber überfällt eine Bank. Da rutscht ihm die Maske herunter. Daraufhin fragt er den Kassierer, ob er ihn erkannt hat. Dieser bejaht. Sofort wird er erschossen. Danach fragt er den Ersten in der Schlange, ob er ihn erkannt hat. Auch dieser bejaht. Zack tot. Dann das Pärchen danach. Der Mann antwortet: „Nein. Aber ich glaube meine Frau schon."

„Ich habe in einer WG gewohnt, da hat eine Taube ‚Sau' mit ihrem Schnabel auf unsere Scheibe geschrieben."

Warum machen Taucher eine Rückwärtsrolle, um ins Wasser zu kommen? Bei einer Vorwärtsrolle würden sie ins Boot fallen.

„Boah, ist der Junge da drüben hässlich." „Das ist mein Sohn!" „Oh, Entschuldigung, ich wusste nicht, dass Sie der Vater sind." „Ich bin seine Mutter."

ICH WOLLTE HEUTE MAL GANZ SEXY GUCKEN. WURDE DANN MIT VERDACHT AUF SCHLAGANFALL INS KRANKENHAUS GEBRACHT.

ARBEITSLOSER BEIM ARBEITSAMT: „HABEN SIE EINEN JOB FÜR MICH?“ BEAMTER: „NA, KLAR. LEIDER NUR AUF MALLORCA, 3000 NETTO, HAUS MIT POOL WIRD GESTELLT.“ ARBEITSLOSER: „JETZT WOLLEN SIE MICH ABER VERÄPPELN!?“ BEAMTER: „SIE HABEN DOCH ANGEFANGEN.“

FRITZCHEN KOMMT WÜTEND NACH HAUSE UND SAGT: „ICH VERSTEHE DAS NICHT, ICH BIN DER SCHNELLSTE RECHNER BEI UNS IN DER KLASSE, HABE ABER IN MATHE SCHON WIEDER EINE 5.“
„ECHT?“, FRAGT DIE MUTTER. „DU BIST SO SCHNELL?“
„JA“, ANTWORTET FRITZCHEN. DIE MUTTER FRAGT: „FÜNF MAL FÜNF?“
WIE AUS DER PISTOLE GESCHOSSEN ANTWORTET FRITZCHEN: „37.“
„DAS IST DOCH FALSCH“, SAGT DIE MUTTER.
DARAUF FRITZCHEN: „ABER SCHNELL.“

Ein Mann kommt zur Wahrsagerin und setzt sich vor die Glaskugel.
„Wie ich sehe, sind Sie Vater von vier Kindern“, sagt sie.
„Der Meinung sind Sie“, erwidert er, „ich bin Vater von drei Kindern.“
Die Wahrsagerin lächelt: „Der Meinung sind Sie …“

EIN MANN KOMMT NACH DER ARBEIT NACH HAUSE. SEINE FRAU SITZT VORM FERNSEHER UND SCHAUT SICH EINE KOCHSENDUNG AN. MEINT DER MANN: „WARUM SCHAUST DU DIR SO EINEN MIST AN? DU KOCHST DADURCH AUCH NICHT BESSER.“ DARAUF DIE FRAU: „UND WARUM SCHAUST DU DIR DANN PORNOS AN?“

Der Tester eines renommierten Weinguts ist gestorben, also macht der Chef sich auf, einen neuen zu suchen. Der erste Bewerber ist jedoch ein total ungepflegter, heruntergekommener Typ, der nach Alkohol stinkt. Da denkt sich der Chef des Weinguts: „Der will bestimmt nur gratis saufen. Wie werde ich den möglichst schnell wieder los?“
Er beschließt jedoch, ihm eine Chance zu geben und macht mit ihm eine Blindverkostung. Der Mann probiert das erste Glas und meint dann: „Rotwein, ein Merlot, fünf Jahre alt. Sehr frisch im Geschmack.“
Der Chef ist überrascht und lässt ihm ein zweites Glas bringen. Der Mann probiert wiederum und stellt dann fest: „Weißwein. Ein Müller-Thurgau. Anderthalb Jahre alt. Sehr säurearm.“
Nun ist der Chef völlig baff. Er winkt seine Sekretärin heran, flüstert ihr was ins Ohr und sie kommt fünf Minuten später mit einem Glas Urin wieder. Dieses gibt er dem Mann zum Probieren. Dieser überlegt kurz und sagt dann: „Blond, 26 Jahre alt, im dritten Monat schwanger ... und wenn Sie mir den Job nicht geben, sag ich Ihrer Frau von wem!“

DER PSYCHIATER ZEICHNET EINEN SENKRECHTEN STRICH: „WORAN DENKEN SIE DABEI?“

„AN NACKTE WEIBER“, ANTWORTET DER MANN.

DER PSYCHIATER ZEICHNET EINEN STERN. „UND DABEI?“

„AN NACKTE WEIBER NATÜRLICH.“

DER PSYCHIATER LEGT DEN BLEISTIFT AUS DER HAND UND SAGT: „ICH HABE DEN EINDRUCK, NACKTE FRAUEN SIND EINE FIXE IDEE BEI IHNEN.“

„BEI MIR? WER HAT DENN DIE GANZEN SAUEREIEN GEMALT?“

FRAU: „SCHATZI, WARUM SPIELST DU EIGENTLICH NICHT MEHR MIT ALFONS GOLF?“
MANN: „WÜRDEST DU WEITERHIN MIT EINEM MENSCHEN GOLF SPIELEN WOLLEN, DER STÄNDIG BETRUNKEN IST UND SO VIELE BÄLLE VERLIERT, DASS DU DIE NACHFOLGENDEN FLIGHTS DURCHSPIELEN LASSEN MUSST, DER SCHMUTZIGE WITZE ERZÄHLT, WÄHREND DU PUTTEST UND GENERELL MIT JEDEM STREIT ANFÄNGT?“
FRAU: „SICHERLICH NICHT.“
MANN: „TJA, ER AUCH NICHT.“

Nach der Treibjagd beschließen zwei Freunde, noch ein Bier in der Wohnung des einen zu trinken.
Vor der Wohnungstür sagt der eine: „Psst, meine Frau schläft schon.“
Leise betreten sie die Wohnung, der eine geht in die Küche, und der andere wirft einen Blick ins Schlafzimmer.
Entsetzt geht er in die Küche und sagt: „Du, bei deiner Frau liegt ein anderer Mann im Bett.“
„Sei leise, wir haben nur zwei Bier.“

MÄNNER-WITZE

Sagt ein älterer Mann zu einem Jungen: „Als ich jung war, hat man den Erwachsenen noch die Tür aufgehalten." Sagt der Junge: „Als du jung warst, gab es nur zwei Erwachsene."

Ein Mann ist traurig, weil er 40 Jahre alt geworden ist. Er möchte etwas für sich tun, damit er jünger aussieht. Er nimmt Gesichtscreme und geht ins Solarium. Dann will er es mal ausprobieren. Beim Einkaufen spricht er die Kassiererin an und fragt: „Ganz ehrlich, für wie alt schätzen Sie mich?" „Schwer zu sagen", sagt die Kassiererin, „ich glaube, Sie sind so etwa 33 Jahre." „Ich bin gerade 40 geworden", sagt der Mann. „Das sieht man Ihnen aber nicht an", antwortet die Kassiererin. Mit einem breiten Grinsen verlässt der Mann das Geschäft und geht zu McDonalds. Auch dort fragt er die Verkäuferin: „Für wie alt halten Sie mich?" „Ich glaube", antwortet die Verkäuferin, „so ungefähr 32." „Vielen Dank", sagt der Mann, „ich bin gerade 40 geworden." „Glückwunsch", sagt die Verkäuferin, „das sieht man Ihnen wirklich nicht an." Der Mann fährt mit dem Bus nach Hause, eine ältere Dame sitzt neben ihm. Er fragt die ältere Dame: „Ganz ehrlich, für wie alt halten sie mich?" „Junger Mann", antwortete die Dame, „ich kann nicht mehr so gut sehen. Aber wenn wir früher wissen wollten, wie alt jemand ist, haben wir ihm einfach in die Hose gegriffen. Am Geschlechtsteil konnten wir genau fühlen, wie alt jemand ist."
„Und das funktioniert?" „Auf jeden Fall."
Der Mann legt seine Jacke über den Schoß und lässt die Dame ihre Technik anwenden. „Sie sind 40 Jahre alt", sagt die Dame. „Unglaublich", sagt der Mann, „nur weil Sie mir in den Schritt greifen, finden Sie das raus?"
„Nein", entgegnet sie, „ich habe bei McDonalds hinter Ihnen gestanden."

TRAINIERST DU
FÜR´S HAMMERWERFEN?
Ruhrpott
BRENNHOLZ VERLEIH
ODER BIST DU
HIER DIE LÜFTUNG?

Hackfleisch kneten, ist wie Tiere streicheln.
Ruhrpott
LÄUFT!
Nur später.

EIN MANN GEHT IN ST. PAULI ÜBER DIE HERBERTSTRAßE UND KLOPFT AN EINE SCHEIBE. DIE DAME, DIE DORT ARBEITET, ÖFFNET DIE SCHEIBE. ER FRAGT: „WIE VIEL?" SIE SAGT: „800 EURO." „OH", SAGT ER, „DAS IST ABER VIEL ..." SAGT DIE FRAU: „JA, DAS IST JA AUCH DOPPELGLAS."

Ein Schiff fährt an einer einsamen Insel vorbei. Auf dieser Insel winkt ein Mann in Lumpen ganz aufgeregt mit den Armen. Fragt der Matrose den Kapitän, was mit dem Mann denn los ist. „Keine Ahnung", antwortet der Kapitän. „Der freut sich immer so, wenn wir hier lang fahren."

TREFFEN SICH ZWEI MÄNNER. FRAGT DER EINE: „HABEN WIR UNS NICHT NEULICH SCHON MAL IN STOCKHOLM GETROFFEN?" ANTWORTET DER ANDERE: „ALSO ICH WAR NOCH NIE IN STOCKHOLM." DARAUF DER EINE: „ICH AUCH NICHT. DANN MÜSSEN DAS WOHL ZWEI ANDERE GEWESEN SEIN."

Harald Juhnke und Paul Kuhn sitzen in einer Berliner Eckkneipe. Der Kneipier serviert ihnen zwei Bier. Juhnke: „Sagen Sie mal. Wie viel Liter Bier verkaufen Sie denn so in der Woche?“ Kneipier: „Naja, das ist unterschiedlich. Aber so zwischen drei bis vier Fässer in der Woche.“ Juhnke: „Soll ich Ihnen mal verraten, wie Sie sechs Fässer in der Woche verkaufen können?“ Kneipier: „Ja, gerne. Wie denn?“ Juhnke: „Müssen Sie nur die Gläser schön voll machen!“

Morgens beim Frühstück.
Der Mann liest aus der Zeitung vor:
„Hier steht, dass Frauen doppelt so
viel reden wie Männer!“
Sie: „Das liegt daran, dass wir alles
zweimal sagen müssen!“
Er: „Was?!“

Der Mann war über Nacht nicht zu Hause. Am Morgen erzählt er seiner Frau, dass er bei einem Kumpel übernachtet hätte.
Seine Frau ruft zehn seiner besten Freunde an. Abends stellt sie ihren Gatten zur Rede.
„Ich habe zehn deiner Freunde angerufen. Fünf haben mir bestätigt, dass du bei ihnen geschlafen hast. Und drei behaupten, dass du immer noch bei ihnen wärst.“

Ein Mann geht über die Reeperbahn und spricht eine Prostituierte an – ob sie Zeit hätte. „Klar“, sagt diese, und sie gehen auf ein Zimmer. Er sagt: „Hömma, ich will gar nichts Dolles. Nur einen Handjob.“ „Ok“, sagt sie, „500 Euro.“ „Was“, fragt er, „das ist aber teuer.“ „Komm mal ans Fenster“, fordert sie ihn auf. Er kommt und sie zeigt raus: „Siehst du die Häuser da drüben?“ „Ja“, antwortet er. „Die habe ich nur gekauft“, sagt sie, „weil ich so einen guten Handjob mache.“ „Ok“, er lässt es zu, und es lohnt sich wirklich. Er kommt langsam wieder zu sich und fragt: „Ein Blowjob ist bestimmt teuer?!“ „Bestimmt so 1000 Euro oder?“ „1500“, sagt sie. Er wieder: „Was?“ „Komm mal ans Fenster“, sagt sie wieder. Siehst du das Casino da drüben?“ Er sagt: „Ja“. Sie: „Das habe ich nur gekauft, weil ich einen so guten Blowjob kann.“

Er zahlt und sie gibt alles, aber richtig gut. Er denkt sich, wenn ich einmal hier bin, dann will ich auch alles haben und fragt: „Was kostet denn hier, äh, Muschi?“ „Komm mal ans Fenster“, sagt sie.

„Siehst du die Stadt da draußen?“ Er sag wieder: „Ja.“ Sie: „Die würde mir gehören, hätte ich eine Muschi.“

DREI 50-JÄHRIGE UNTERHALTEN SICH. SAGT EINER: „LASS UNS DOCH MAL EIN KLASSENTREFFEN MACHEN." DIE ANDEREN SIND BEGEISTERT UND FRAGEN: „WO?" „IM RATSKELLER, DIE HABEN DA SO EINE NETTE BEDIENUNG."

GESAGT, GETAN.

ZEHN JAHRE SPÄTER, MIT 60 JAHREN, SAGT WIEDER EINER DER DREI: „LASS UNS DOCH MAL WIEDER EIN KLASSENTREFFEN MACHEN." „KLASSE!", KOMMT ES VON DEN ANDEREN. „ABER WO?" „IM RATSKELLER", SAGT DER EINE. DIE HABEN DA SO EIN GUTES ESSEN." „ALLES KLAR", SAGEN DIE ANDEREN.

ZEHN JAHRE SPÄTER, MIT 70 JAHREN, KOMMT ES WIEDER ZUR UNTERHALTUNG DARÜBER, OB MAN NICHT MAL WIEDER EIN KLASSENTREFFEN MACHEN SOLLTE. „KLAR", SIND SICH ALLE EINIG. „WO DENN?" „IM RATSKELLER", SAGT DER EINE. „DA IST ES BARRIEREFREI." „SUPER," SAGEN DIE ANDEREN UND AUF GEHT'S.

ZEHN JAHRE SPÄTER, ALLE SIND BEREITS 80 JAHRE ALT, SCHLÄGT WIEDER EINER VON IHNEN VOR: „LASS UNS DOCH MAL EIN KLASSENTREFFEN MACHEN." „JO", SAGEN DIE ANDEREN. „WO DENN?" „IM RATSKELLER", SAGT DER EINE, „DA WAREN WIR NOCH NIE."

WEIẞT DU, WAS PEINLICH IST,
WENN DU MIT NER MORGENLATTE VOR DIE WAND LÄUFST UND BRICHST DIR DIE NASE.

MEIN SOHN WIRD IMMER IN DER SCHULE GEMOBBT!
WELCHER? DER FETTE?

EIN MANN PINKELT IN SEINEN TANK. DA KOMMT EIN ANDERER MANN VORBEI UND SAGT: „DAS IST DOCH NICHT NORMAL." ANTWORTET DER PINKLER: „NEIN, DAS IST SUPER."

Zwei Männer im tiefsinnigen Bargespräch.
„Wenn ich mit deiner Frau schlafe, sind wir dann Feinde?"
„Nein."
„Sind wir dann Freunde?"
„Nein."
„Was sind wir dann?"
„Quitt."

Zwei Freunde gehen nach langer Zeit mal wieder zelten. Die beiden liegen im Gras, und der eine fragt den anderen: „Schau mal das Universum, was denkst du, wenn du so hochschaust?" „Weißt du, was ich denke?", sagt der andere, „ich denke darüber nach, wie klein wir selbst sind, der Mond, Millionen von Sternen und wir beide hier unten, wir sind Sandkörner. Und was denkst du?" „Ja, weißt du, was ich denke? Ich denke, die haben uns das Zelt geklaut."

„Da war aber meine hübsche Postbotin verwundert, als ich plötzlich in der Tür stand." Sie hat bestimmt auch gedacht: „Woher hat er meine Adresse?"

Ein Mann ist zur Kur in Bad Spenza. Er läuft ein wenig durch den Ort und sieht einen älteren Mann auf einer Bank sitzen. Er geht zu ihm hin und fragt ihn: „Wie ist denn hier das Klima?" „Das Klima", antwortet der ältere Mann, „das Klima ist gut. Wissen Sie, ich kam hierher, hatte schrumpelige Haut, eine Glatze, man musste mich tragen." „Und das hat sich hier geändert?", fragt der Mann. „Ja", antwortet der Ältere. „Seit wann sind Sie denn hier?" Der Ältere antwortet: „Ich bin hier geboren."

ER: „ICH HABE ALLES, WORAUF FRAUEN STEHEN." SIE: „ACH, DU BIST JUWELIER?"

Zwei Männer im Supermarkt stoßen zusammen. Meint der eine völlig aufgelöst: „Entschuldige, aber ich bin total durcheinander, ich suche meine Frau!"
Darauf der andere: „Mir geht es auch so, seit 30 Minuten suche ich schon. Wie sieht deine denn aus?" „Meine hat lange Haare, ist 1,80 m groß, braungebrannt, vollbusig, schlanke Figur, hat einen superkurzen Mini an, ein weißes, enges Top ohne BH und Schuhe mit sehr hohen Absätzen. Und wie sieht deine aus?"
„Scheiß drauf, wir suchen deine."

Ein Mann kommt in einen Baumarkt und fragt einen Verkäufer:
„Wo liegen die Bohrer, ich brauche einen 3er und einen 5er, denn ich will ein 8er-Loch bohren.“ Sagt der Verkäufer: „Nehmen Sie doch zwei 4er-Bohrer, dann brauchen Sie nicht wechseln.“

Er: „Du bist die süßeste und schönste Frau, die ich in meinem ganzen Leben getroffen habe!“
Sie: „Ach komm, du willst mich doch nur poppen!“
Er: „Und klug bist du auch!“

Hält ein Mann neben einer Frau. Elegant kurbelt er das Fenster runter.
Die Frau kurbelt auch das Fenster runter und lächelt ihn an.
Der Mann lächelt zurück und sagt: „Na, haben Sie auch gefurzt?“

„Mein Nachbar muss ein Stalker sein – das habe ich ganz genau durch das Fernglas gesehen.“

AUF EINER BEERDIGUNG STEHT AUF DER SCHLEIFE AN EINEM KRANZ: „WALTER MÜLLER, GELIEBTER VATER, TREUER EHEMANN." SAGT EINER DER GÄSTE: „SCHAU MAL, DA WERDEN DREI MANN BEERDIGT ..."

Zwei Freunde schauen den Kampf Holyfield gegen Tyson.
Plötzlich sagt einer der beiden: „Ich wette 100 Euro, dass Holyfield gewinnt." „Nie im Leben", sagt der andere, und die Wette gilt. Tatsächlich – Holyfield gewinnt. 100 Euro wechseln den Besitzer, aber nach kurzer Zeit hat dieser ein schlechtes Gewissen und sagt: „Ich muss dir die Wahrheit sagen. Ich habe den Kampf schon gesehen. Das war eine Wiederholung. Ich wusste, dass Holyfield gewinnt." Sagt der andere: „Behalte die 100 Euro, ich habe den Kampf auch schon gesehen, hätte aber nie gedacht, dass Holyfield nochmal gewinnt."

EIN MANN KOMMT NACH HAUSE UND FINDET EINEN ZETTEL VON SEINER FRAU: „ICH HAB MICH VERSTECKT. WENN DU MICH IN DREI MINUTEN FINDEST, BEKOMMST DU EINEN KUSS. SCHAFFST DU ES IN ZWEI MINUTEN, BEKOMMST DU EINEN ZUNGENKUSS. FINDEST DU MICH IN EINER MINUTE, WIRD ES EINE GANZ TOLLE LIEBESNACHT.
P. S.: BIN IM SCHRANK."

Zwei Nonnen auf einem Spaziergang werden von einem Mann verfolgt. Sie beschleunigen ihre Schritte, gleichzeitig geht aber auch der Mann schneller und kommt immer näher. „Selbst wenn wir so schnell wie möglich laufen, wird er uns bald einholen", befürchtet die eine Schwester, „was sollen wir tun?" „Am besten trennen wir uns, dann kommt zumindest eine von uns heil davon", antwortet die andere. Sie trennen sich, und während der Mann der ersten Nonne folgt, erreicht die andere unbehelligt das Kloster. Kurze Zeit später kommt auch die erste Nonne zurück.

„Was ist denn passiert, nachdem wir uns getrennt haben?", will die zweite Nonne wissen.

„Nun, das Erwartete, der Mann ist mir gefolgt, und ich bin schneller gelaufen."

„Und dann?"

„Tja, das Befürchtete, der Mann hat mich eingeholt."

„Was ist dann passiert?"

„Das Unvermeidliche, ich habe meinen Rock hochgehoben ..."

„Oh, Gott ..."

„... und der Mann hat seine Hose runtergelassen."

„Und was ist dann geschehen?"

„Das Natürlichste: Eine Nonne mit angehobenem Rock kann viel schneller laufen, als ein Mann mit heruntergelassener Hose."

NACH DEM SEX IM BETT. FRAU: „WORAN DENKST DU?" MANN: „KENNST DU NICHT!"

Ein Mann kommt spätabends aus seiner Stammkneipe nach Hause. Durch den Lärm wacht seine Frau auf und fragt ihn, was er denn für einen Krach macht.
Er: „Die Schuhe sind umgefallen."
Sie: „Das macht doch nicht so einen Krach."
Er: „Ich stand noch drin."

Treffen sich zwei Männer am Flughafen.
Fragt der eine: „Zigarette?“
„Nein danke, hab ich einmal probiert, hat mir nicht gefallen, habe nie wieder geraucht.“
„Darf ich Ihnen einen Weinbrand mitbringen?“
„Nein danke, Alkohol habe ich einmal probiert, hat mir nicht geschmeckt, habe nie wieder Alkohol angerührt.“
„Was machen Sie denn hier?“
„Ich warte auf meinen Sohn.“
„Aha, sicher ein Einzelkind!“

Sitzen zwei Männer im Zug. Der eine isst Apfelkerne.
Da fragt der andere: „Warum essen sie denn Apfelkerne?“
„Das macht intelligent.“
„Darf ich auch welche haben?“
„Ja, für fünf Euro.“
Er bezahlt fünf Euro, bekommt die Kerne und isst sie.
Dann murmelt er kauend: „Eigentlich hätte ich mir für fünf Euro ja eine ganze Tüte Äpfel kaufen können!“
Entgegnet der andere: „Sehen sie, es wirkt schon!“

DIE LIEBENDEN UMARMEN SICH GLÜCKLICH UND ERSCHÖPFT UNTER DER BETTDECKE. DIE FRAU HEBT DEN KOPF UND SAGT: „SCHNELL! INS BADEZIMMER! MEIN MANN KOMMT!"
DER LIEBHABER RENNT INS BADEZIMMER, UND SIE VERSTECKT SEINE KLEIDUNG UNTER DEM BETT. ALS SIE GERADE WIEDER ZURÜCKROLLT, KOMMT IHR MANN REIN.
„WAS MACHST DU DA NACKT AUF DEM BETT?"
„ICH HABE MICH SCHON MAL FÜR DICH AUSGEZOGEN, WEIL ICH SO GROSSE LUST AUF DICH HABE."
DER MANN SAGT: „ICH MUSS NUR SCHNELL PINKELN, DANN BIN ICH BEI DIR."
DIE FRAU GERÄT IN PANIK, WEISS ABER NICHTS ZU SAGEN, DAS IHREN MANN AUFHALTEN KÖNNTE.
DER MANN ÖFFNET DIE BADEZIMMERTÜR UND FINDET EINEN NACKTEN MANN, DER, IHN NICHT BEACHTEND, MEHRMALS IN DIE LUFT KLATSCHT.
„WAS MACHEN SIE DA?", FRAGT ER.
„ICH BIN DER KAMMERJÄGER UND SOLL MICH UM IHR MOTTENPROBLEM KÜMMERN."
„ABER SIE SIND JA GANZ NACKT!"
DER LIEBHABER SIEHT AN SICH RUNTER UND SAGT ERSTAUNT: „DIESE KLEINEN BASTARDE!"

„Wenn deine Frau sich mit dir streiten will, mein Tipp. Einfach den Mund voller Kekse hauen. Die schmecken lecker und du hörst die Frau nicht mehr."

Drei Männer stehen vor der Himmelspforte. Petrus kommt raus, gähnt und sagt: „Jungs, ich hab zu. Ich mach heute gar nichts." Sagt einer der drei Männer: „Aber Herr Petrus, äh, wir sind tot." Darauf Petrus: „Das interessiert mich nicht. Aber ich mache euch ein Angebot. Wenn mir einer von euch eine Geschichte erzählen kann, wie er gestorben ist und ich finde sie amüsant, dann darf er heute noch rein." „Ja, Herr Petrus, fängt einer an, ich bin Anwalt und arbeite jeden Tag bis 20 Uhr. Jetzt habe ich aber schon um 19 Uhr Feierabend gemacht, weil ich meiner Frau nicht vertraut hab. Bin also schon um 19 Uhr nach Hause gekommen, wir wohnen im 7. Stock eines Hochhauses. Ich habe die Treppe genommen, gar nicht den Aufzug, sie sollte nicht hören, dass ich komme. Ich gehe ganz schnell zur Tür rein, meine Frau sitzt nackt im Bett. Das hat sie für mich noch nie gemacht. Ich suche die ganze Bude ab. Ich finde keinen und bin richtig sauer. Ich gehe auf den Balkon und will eine rauchen, da hängt bei uns einer an der Brüstung. Ich ziehe einen Schuh aus und haue ihm auf die Finger. Er fällt runter, aber die Bäume fangen ihn auf und er überlebt. Ich habe einen Kühlschrank auf dem Balkon. Ich nehme diesen und werfe ihn runter, doch bleibe mit meinem Bein im Kabel hängen und fliege mit runter. Ja, deswegen bin ich hier." Petrus sagt: „Gute Geschichte, geh durch." Der zweite Mann sagt: „Herr Petrus, bei mir ist das so. Ich bin Fensterputzer und habe in einem Hochhaus im achten Stock die Fenster geputzt. Ich lehne mich an der Brüstung zurück und schaue mir an, was ich gemacht habe, da verliere ich den Halt und falle herunter. Kann mich aber im siebten Stock gerade noch festhalten. Da kommt so ein Vollidiot und haut mir mit seinem Schuh auf die Finger. Zum Glück fangen mich die Bäume auf und ich überlebe. Ich schau nach oben und will Gott danken, doch da kommt ein Kühlschrank geflogen und klatsch. Deswegen bin ich hier." Petrus sagt: „Super, geh durch." Fragt er den dritten Mann: „Was ist mit dir?" Der antwortet: „Ich weiß gar nicht, wie ich das sagen soll. Wissen Sie, ich saß da nackt in einem Kühlschrank ..."

Ein Mann geht zum Arzt und beschwert sich, dass seine Frau keinen Spaß im Bett hat und keinen Orgasmus bekommt. Der Arzt meint: „Na, dann versuchen Sie, eine angenehme Atmosphäre zu schaffen, stellen Sie Kerzen auf, streuen Sie Rosenblüten, seien Sie ganz zärtlich. Sollte das nicht funktionieren, so kommen sie morgen wieder zu mir." Der Mann kommt am darauffolgenden Tag und teilt dem Arzt mit, dass das nicht geklappt hat.
Der Arzt meint nun: „Such dir einen Schwarzen, der soll sich nackt vor deine Frau stellen und mit seinem besten Stück wedeln … und du nimmst sie von hinten!" Der Mann geht nach Hause, der Schwarze wedelt mit seinem Penis, der Mann packt seine Frau von hinten, doch seine Frau bekommt trotzdem keinen Orgasmus.
Der Mann meint zum Schwarzen: „Los, komm, nimm du sie von hinten und ich werde wedeln …" Der Mann stellt sich vor seine Frau und wedelt mit seinem Penis, der Schwarze nimmt die Frau von hinten. Die Frau fängt an zu stöhnen und bekommt einen Orgasmus nach dem anderen …
Der Mann zum Schwarzen: „Hast du gesehen? So musst du wedeln!"

Ein Autofahrer spricht einen Lkw-Fahrer an. Er ruft: „Mach mal die Scheibe runter!“ Der Lkw-Fahrer macht die Scheibe runter. Der Autofahrer ruft: „Ich bin der Manni, fahre einen Manta und du verlierst Ladung.“ Der Lkw-Fahrer macht seine Scheibe wieder hoch und fährt normal weiter. Der Autofahrer ruft wieder – der Lkw-Fahrer solle die Scheibe runtermachen. Der Lkw-Fahrer macht die Scheibe runter und hört wieder den Autofahrer rufen: „Ich bin der Manni, fahre einen Manta und du verlierst Ladung.“ Antwortet der Lkw-Fahrer: „Ich bin der Günni und fahre einen Streuwagen.“

„Du Karl, warum gehst du an Karneval eigentlich immer als Staumauer?“
„Ja, damit die Leute wissen, dass, wenn ich voll bin, ich eventuell breche.“

„Eines Tages werde ich schwul, dann freunde ich mich mit ganz vielen Frauen an, und wenn wir so richtig vertraut miteinander werden und die Frauen es am wenigsten erwarten, dann BÄM ... schlafe ich mit deren Männern.

„MEINE FREUNDIN BEHANDELT MICH WIE GOTT. SIE IGNORIERT MICH UND SPRICHT DANN NUR MIT MIR, WENN SIE WAS WILL.“

Geht ein Mann zum Arzt. Mann: „Herr Doktor, ich hab so schreckliche Schmerzen an meinem Penis!"
Arzt: „Na, zeigen Sie mal!"
Der Mann enthüllt sein bestes Stück.
Der Arzt betrachtet das Ding eine Weile und fragt: „Verheiratet?"
Mann: „Ja …"
Arzt: „Sex?"
Mann: „Ja …"
Arzt: „Wie oft?"
Mann: „Hmm … Montag, Dienstag, Mittwoch … eigentlich die ganze Woche."
Der Arzt denkt nach und fragt wieder: „Eine Geliebte?"
Mann: „Ja …"
Arzt: „Sex?"
Mann: „Ja …"
Arzt: „Wie oft?"
Mann: „Hmm … Montag, Dienstag, Mittwoch … eigentlich die ganze Woche."
Der Arzt überlegt wiederum und meint: „Puff?"
Mann: „Ja …"
Arzt: „Wie oft?"
Mann: „Hmm … Montag, Dienstag, Mittwoch … eigentlich die ganze Woche."
Der Arzt überlegt daraufhin nicht lange und sagt: „Naja, mein Herr, das ist kein Wunder, dass ihr Penis schmerzt bei so viel Geschlechtsverkehr!"
Mann: „Na, Gott sei Dank, Herr Doktor! Und ich dachte schon, das kommt vom Onanieren …"

„Chef, darf ich heute zwei Stunden früher Schluss machen? Meine Frau will mit mir einkaufen gehen.“
„Kommt gar nicht in Frage.“
„Vielen Dank, Chef, ich wusste, Sie würden mich nicht im Stich lassen.“

Ein Mann sitzt mit seinen Freunden in der Kneipe. Da kommt ein Betrunkener rein und ist auf Ärger aus. „Hey“, lallt er den Mann an, „ich habe gerade deine Mutter gefickt!“ Jeder erwartet eine Schlägerei, doch der Mann geht nicht darauf ein. Der Betrunkene trollt sich. Zehn Minuten später kommt er wieder auf den Mann zu und sagt: „Hey, ich habe gerade deine Mutter gefickt, und deine Mutter hat mir einen geblasen, und es war geil!“ Wieder geht der Mann nicht darauf ein. Zehn Minuten später kommt der Betrunkene ein drittes Mal: „Hey, ich habe gerade …“ Unterbricht ihn der Mann: „Geh nach Hause und schlaf deinen Rausch aus, Papa!“

Sohn fragt den Vater, was ein Alkoholiker ist.
Der Vater erklärt dem Sohn: „Siehst du die vier Bäume? Ein Alkoholiker sieht dort acht Bäume.“
Sohn: „Papa, da stehen zwei.“

EIN MANN GEHT ZUM ARZT UND ERZÄHLT: „MEINE FRAU HÖRT NICHT MEHR SO GUT. WAS SOLL ICH MACHEN?" DER ARZT GIBT IHM DEN TIPP, ER SOLLE EINEN TEST MACHEN.
ALS DER MANN NACH HAUSE KOMMT, SIEHT ER, DASS SEINE FRAU GERADE KOCHT. SO STELLT ER SICH DREI METER HINTER SIE UND FRAGT: „SCHATZ, WAS KOCHST DU GUTES?" ER BEKOMMT KEINE ANTWORT, STELLT SICH ZWEI METER HINTER SIE UND FRAGT NOCHMALS: „SCHATZ, WAS KOCHST DU GUTES?" WIEDER BEKOMMT ER KEINE ANTWORT.
JETZT STELLT ER SICH DIREKT HINTER SIE UND FRAGT NOCHMALS. DA DREHT SICH SEINE FRAU UM UND SCHREIT: „ZUM DRITTEN MAL: ES GIBT BRATKARTOFFELN!"

Am frühen Morgen geht ein Mann auf die Jagd. Im Wald angekommen, beginnt es zu regnen, der Wind nimmt zu. Der Mann beschließt umzukehren. Er kommt nach Hause, zieht sich aus und legt sich wieder zu seiner Frau ins Bett.
„Wie ist es draußen?", fragt seine Frau gähnend im Halbschlaf.
„Kalt, es regnet ..."
„... und mein Mann, der Idiot, ist auf die Jagd gegangen."

NATIONEN-WITZE

EIN ZWEIMOTORIGES FLUGZEUG IST ÜBER EINEM FRIEDHOF ABGESTÜRZT. RETTUNGSKRÄFTE HABEN SCHON ÜBER 200 LEICHEN GEBORGEN.

Gott erschuf die Welt in sieben Tagen. Am achten Tag war Gott nicht mehr aufzufinden. Petrus suchte ihn überall und fand ihn auf einem Berg sitzend und sich ausruhend.
Petrus: „Gott, wo warst du, ich suche dich schon überall."
Gott: „Ich habe etwas erschaffen und ruhe mich jetzt aus. Komm, ich zeig es dir! Gott schiebt ein paar Wolken zur Seite und die Welt kommt zum Vorschein."
Petrus: „Meine Güte! Was ist das denn?!"
Gott: „Das, lieber Petrus, ist die Welt, die habe ich erschaffen. Überall herrscht absolutes Gleichgewicht."
Petrus: „Was ist Gleichgewicht?"
Gott erklärte es ihm und nannte ihm sogleich ein Beispiel.
Gott: „Sieh her, hier haben wir Amerika. Dieses Land ist sehr reich und hat viele Bodenschätze, im Gegensatz dazu haben wir Afrika, es ist ein sehr armes Land. Dann hier: Indien. Dort ist es sehr warm, und im Gegensatz dazu haben wir Grönland, dort herrscht eisige Kälte. Und zu guter Letzt haben wir Deutschland, darauf bin ich besonders stolz: Hier leben die schönsten und klügsten Menschen, die Landschaft ist wunderschön und alle leben im Einklang, die Deutschen haben Humor und sind einfach liebenswert!"
Petrus: „Aber Gott, ich dachte, es muss alles im Gleichgewicht sein!"
Gott: „Keine Angst, daneben liegt gleich Holland."

WORAN ERKENNT MAN EINEN OSTFRIESISCHEN PIRATEN? AN DEN BEIDEN AUGENKLAPPEN.

Drei Frauen, eine Deutsche, eine Französin und eine Russin, unterhalten sich darüber, was sie nach dem Sex als Erstes sagen. Die Deutsche: „Herbert, du warst toll.“ Die Französin: „Chéri, du warst himmlisch.“ Die Russin: „Iwan, Iwanowitsch ... lebst du noch?“

EINE REISENDE FRAGT AM BAHNHOF EINEN SCHAFFNER: „WIE LANGE HÄLT DER ZUG?" SAGT DER SCHAFFNER: „BEI GUTER PFLEGE SO 25 JAHRE."

Treffen sich ein Ostfriese, ein Ägypter und ein Chinese und diskutieren, wer die ältesten Vorfahren hat:
Lee, der Chinese: „Meine Vorfahren waren beim Bau der chinesischen Mauer dabei."
Karim, der Ägypter: „Meine Vorfahren waren beim Bau der ersten Pyramiden dabei."
Jan Jansen, der Ostfriese: „Ihr kennt doch alle Adam und Eva ... Eva, war 'ne geborene Jansen."

Ein Audi Quattro hält an der Schweizer Grenze an und der Zollbeamte sagt: „Ich kann Sie nicht durchlassen." „Wieso das denn nicht?", fragt der Fahrer. „Das ist ein Audi Quattro", sagt der Beamte, „und Sie sind nur zu dritt." „Wollen Sie mich verarschen", fragt der Fahrer. „Vorsichtig", sagt der Beamte, „Sie warten jetzt erstmal hier. Da vorne hat ein Kollege mit einem Pärchen in einem Fiat Uno Ärger."

In Ostfriesland wurde ein Juwelier überfallen. Der Polizist fragt den Juwelier, ob er eine Täterbeschreibung hat. „Ja“, sagt der Juwelier. „Das war ein Elefant. Der kam hier rein und räumte mit seinem Rüssel alles ab und rannte wieder weg.“ Der Polizist fragt: „War das ein afrikanischer Elefant, mit so ganz großen Ohren, oder war es ein asiatischer Elefant, mit kleinen Ohren?“ Sagt der Juwelier: „Das konnte ich nicht erkennen, der hatte eine Pudelmütze auf.“

Eine Nonne, ein Holländer, eine Blondine und ein Deutscher sitzen zusammen in einem Zugabteil. Sie fahren durch einen Tunnel und sehen nichts mehr. Plötzlich klatscht es. Sie fahren aus dem Tunnel wieder heraus und der Holländer hält sich die Wange.
Die Nonne denkt, der Holländer hat die Blondine bestimmt im Tunnel betatscht, da hat die dem eine geknallt. Die Blondine denkt, der Holländer wollte bestimmt mich betatschen, hat aber die Nonne berührt, da hat die dem eine geknallt. Der Holländer denkt, der Deutsche hat im Tunnel bestimmt die Blondine angetatscht und die hat gedacht, ich war das und hat mir eine geknallt. Und der Deutsche denkt, im nächsten Tunnel kriegt der Holländer noch eine.

LUXEMBURG HAT STREIT MIT FRANKREICH UND ERKLÄRT DEN FRANZOSEN DEN KRIEG. DIE LUXEMBURGER SCHREIBEN DEN FRANZOSEN: „WIR STEHEN MIT UNSERER GESAMTEN ARMEE, ÜBER 200 TREUEN SOLDATEN, GEWEHR BEI FUSS." DIE FRANZOSEN ANTWORTEN SOFORT: „WIR NEHMEN DIE KRIEGSERKLÄRUNG AN, WIR WERDEN MIT ÜBER EINER MILLIONEN SOLDATEN LUXEMBURG ENTGEGENSCHREITEN." SCHREIBEN DIE LUXEMBURGER DEN FRANZOSEN WIEDER ZURÜCK: „WIR NEHMEN DIE KRIEGSERKLÄRUNG ZURÜCK, WIR HABEN ZU WENIG BETTEN FÜR DIE GEFANGENEN."

Ein Schwabe rutscht in eine Bergspalte. Nach Tagen kommt endlich Hilfe. Der Schwabe fragt: „Wer ist da?" Hört von oben: „Das Rote Kreuz." Sagt der Schwabe: „Hauen Sie ab, ich spende nichts."

Warum spielen Holländer nie Verstecken? Die sucht keiner.

Ein alter Araber lebt seit fast 50 Jahren in den USA. Er hat einen schönen Garten und würde so gerne Kartoffeln pflanzen, aber dafür ist er schon zu alt. Er braucht Hilfe. Deshalb schreibt er eine E-Mail an seinen Sohn, der in Paris studiert.
„Lieber Achmed, ich bin sehr traurig, weil ich in meinem Garten keine Kartoffeln pflanzen kann.
Ich bin sicher, wenn du hier wärst, könntest du mir helfen und den Garten umgraben. Du würdest mir einen großen Gefallen tun. Dein Vater."
Der alte Mann erhält eine E-Mail seines Sohnes zurück.
„Lieber Vater, bitte rühre auf keinen Fall irgendetwas im Garten an. Dort habe ich nämlich ‚die Sache' versteckt. Dein Sohn Achmed."
Keine sechs Stunden später umstellen die US-Army, die Marines, das FBI und die CIA das Haus des alten Mannes. Sie nehmen den Garten Scholle für Scholle auseinander, suchen jeden Millimeter ab, finden aber nichts. Enttäuscht ziehen sie wieder ab.
Am selben Tag erhält der alte Mann wieder eine E-Mail von seinem Sohn.
„Lieber Vater, ich nehme an, dass der Garten jetzt komplett umgegraben ist und du Kartoffeln pflanzen kannst. Mehr konnte ich nicht für dich tun. In Liebe, Achmed."

AUF DEM FLUG NACH MALLORCA HABEN WIR NOCH ZWEI FENSTERPLÄTZE BEKOMMEN. NEBENEINANDER.

WIE NENNT MAN EINEN PÜNKTLICHEN CHINESEN? TIMING.

In der Schweiz. Frage an den Schaffner: „Wo kann ich hier eine Fahrkarte kaufen?" „Das heißt hier nicht Fahrkarte, sondern Billett!" „Na gut, wo kann ich ein Billett kaufen?" „Am Fahrkartenschalter ..."

Zwei russische Polizisten unterhalten sich. „Heute Morgen auf der Wache sind von einem Finder 10.000 Rubel abgegeben worden!"
„Was 7.000 Rubel?". „Ja, 5000 Rubel!"

Klingelt das Ausländeramt an der Tür und fragt, ob ich über Weihnachten einen Holländer haben will. Hab ja gesagt. Aber nächstes Jahr gibt es doch wieder Pute.

JACK UND JOE STEHEN INMITTEN DER USA UND WOLLEN EINE STADT GRÜNDEN. SAGT JACK: „GIB MIR MAL EINEN STIFT." SAGT JOE: „NE, DANN HABE ICH JA EIN PENNSYLVANIA."

In Grönland fragt ein Richter einen Angeklagten: „Wo waren Sie in der Nacht vom 18.11. auf den 16.03.?"

WARUM TRINKT DER RUSSE WODKA, DER SCHOTTE WHISKY, DER ITALIENER WEIN UND DER DEUTSCHE BIER? DAMIT MAN DIE EINZELNEN VÖLKER AN DER FAHNE ERKENNEN KANN!

Ein Finne und Schwede sitzen abends zusammen in der Bar. Nach vier Stunden hebt der Finne sein Glas: „Skol!" Darauf der Schwede: „Wollen wir hier trinken oder quatschen?"

An der CIA-Schule stehen drei Agenten vor dem Abschlusstest. Der Ausbilder sagt zum ersten Prüfling: „Im nächsten Raum befindet sich deine Freundin. Hier hast du eine Pistole. Du hast 30 Sekunden, um sie umzubringen!“ Nach 30 Sekunden kommt der Mann mit seiner Freundin an der Hand aus dem Raum, gibt dem Instruktor die Pistole zurück und sagt: „Tut mir leid, das kann ich nicht!“ Als der zweite Prüfling an der Reihe ist, sagt der Ausbilder zu ihm: „Im nächsten Raum befindet sich deine Verlobte. Hier hast du eine Pistole. Du hast 30 Sekunden, um sie umzubringen!“ Nach 30 Sekunden kommt der Mann mit seiner Verlobten an der Hand aus dem Raum, gibt dem Instruktor die Pistole zurück und sagt: „Tut mir leid, das kann ich nicht!“ Zum dritten Prüfling sagt der Ausbilder: „Im nächsten Raum befindet sich deine Frau, mit der du schon zehn Jahre verheiratet bist. Hier hast du eine Pistole. Du hast 30 Sekunden, um sie umzubringen!“ Der Mann geht in den Raum. Nach zwei Sekunden ertönt ein fürchterlicher Lärm, und nach 20 Sekunden steht der Mann wieder vor der Tür und sagt zum Ausbilder: „Irgendein Idiot hat Platzpatronen in die Pistole gegeben. Ich habe sie mit dem Sessel erschlagen müssen ...“

DER HOLLÄNDISCHE REGIERUNGSCHEF BESUCHT DEN DEUTSCHEN BUNDESRATSPRÄSIDENTEN, UM SICH ÜBER ALL DIESE HOLLÄNDERWITZE ZU BESCHWEREN, DIE MAN SICH IN DEUTSCHLAND ERZÄHLT. „MAN KÖNNTE AUF DIE IDEE KOMMEN, ALLE HOLLÄNDER SEIEN DUMM", SAGT ER. „DU SOLLTEST DAS NICHT SO ERNST NEHMEN", ANTWORTET DER BUNDESRATSPRÄSIDENT, „ES HANDELT SICH JA NUR UM WITZE UND NICHT UM TATSACHEN. UND ES GIBT AUCH DUMME DEUTSCHE. ICH WERDE DIR DAS GLEICH BEWEISEN." ER GEHT ZU SEINEM CHAUFFEUR UND SAGT: „FAHREN SIE BITTE ZU MIR NACH HAUSE UND SEHEN SIE NACH, OB ICH DORT BIN." DER CHAUFFEUR MACHT SICH SOGLEICH AUF DEN WEG. „DER IST WIRKLICH STROHDUMM", SAGT DER HOLLÄNDISCHE REGIERUNGSCHEF. „ER HÄTTE DOCH EINFACH MIT DEM HANDY ANRUFEN KÖNNEN."

Ein Schweizer liegt im Krankenhaus, alle möglichen Knochen gebrochen. Sein Nachbar fragt ihn: „Wie haben Sie denn das gemacht?“ Schweizer: „Jo, i bin Bärenjäger.“ Nachbar: „Und ... was ist passiert?“ Schweizer: „I staand a einer klainen Höhle und sagte: Huchu Bärli. Jo un da kam ein kleiner Bär heraus, den habe ich laufe lassen! Dann bin i zu aner mittelgroßen Höhle: Huchu Bärli. D a kam a mittelgroßer Bär, aber immer noch zu klein! Dann bin i zu aner großen Höhle: Huchu Bärli ... „ Nachbar: „ ...und dann?“ Schweizer: „Dann kam der Alpen-Express ...“

Ein Luxusdampfer verunglückt, doch die Rettungsboote reichen nicht. Jeder bekommt eine Schwimmweste und soll springen, aber keiner traut sich. Die Crew ist verzweifelt. Schließlich wird der Captain gerufen. Dieser geht zu der Gruppe, die ängstlich an der Reling steht und redet mit ihnen. Dabei springt einer nach dem anderen ins Wasser. Als alle Passagiere von Bord sind, fragt der 1. Offizier den Captain, wie er die Leute denn überreden konnte. „Na ganz einfach“, meint der. „Zu den Deutschen habe ich gesagt, es ist ein Befehl. Zu den Franzosen, es wäre patriotisch. Den Japanern habe ich versprochen, dass Springen gut für die Potenz sei, und den Italienern habe ich gesagt, springen sei verboten.“

PAAR-WITZE

ANGELA ZU IHRER FREUNDIN: „ICH MUSS JETZT ECHT AUFPASSEN, DASS ICH BLOß KEIN KIND KRIEGE!"
FREUNDIN: „ICH DACHTE, DEIN MANN SEI STERILISIERT?"
ANGELA: „EBEN!"

Psychologe zu einer Frau mit Eheproblemen: „Schreiben Sie alles, was Sie an Ihrem Ehemann stört, in einem Brief auf und verbrennen ihn dann."
Frau ruft einen Tag später an: „Ok, ich habe das gemacht, was Sie gesagt haben. Und was soll ich jetzt mit dem Brief machen?"

„Mama, wolltest du eigentlich einen Jungen oder ein Mädchen?"
„Ich wollte mir eigentlich nur die Schuhe zumachen."

Sie sagt zu ihm: „Schatz, das ist doch gar nicht unser Baby."
Darauf er: „Sei ruhig, der Kinderwagen ist viel besser."

Stalking ist, wenn eine Frau und ein Mann einen langen romantischen Spaziergang machen, aber nur einer davon weiß.

IN EINEM ABGELEGENEN PARK STEHEN SICH ZWEI NACKTE STATUEN GEGENÜBER, EIN MANN UND EINE FRAU. EINIGE HUNDERT JAHRE, NACHDEM SIE DORT SO AUFGESTELLT WURDEN, SCHWEBT EIN ENGEL ZU DEN BEIDEN HERUNTER. EIN WINK VON SEINER HAND, UND PLÖTZLICH WERDEN DIE STATUEN ZU FLEISCH UND BLUT UND STEIGEN VON IHREN SOCKELN.

DER ENGEL SPRICHT: „ICH WURDE GESANDT, UM EUCH DEN WUNSCH ZU ERFÜLLEN, DEN IHR BEIDE ALL DIE JAHRHUNDERTE HEGT, IN DENEN IHR EUCH GEGENÜBERGESTANDEN SEID, OHNE EUCH BEWEGEN ZU KÖNNEN. ABER SEID SCHNELL, IHR HABT NUR 15 MINUTEN ZEIT, BEVOR IHR WIEDER ZU STATUEN WERDET."

DER MANN SCHAUT ZUR FRAU, BEIDE ERRÖTEN UND VERSCHWINDEN KICHERND IM UNTERHOLZ. LAUTES RASCHELN IST AUS DEM GEBÜSCH ZU HÖREN, UND SIEBEN MINUTEN SPÄTER KOMMEN DIE BEIDEN, OFFENSICHTLICH BEFRIEDIGT, ZURÜCK ZUM ENGEL.

DER ENGEL LÄCHELT DAS PAAR AN: „DAS WAREN NUR SIEBEN MINUTEN – WOLLT IHR ES NICHT NOCH MAL TUN?" DIE EINSTIGEN STATUEN SCHAUEN SICH FÜR EINE MINUTE AN UND DANN SAGT DIE FRAU: „WARUM NICHT? ABER DIESMAL MACHEN WIR ES ANDERS HERUM: DU HÄLTST DIE TAUBE FEST, UND ICH SCHEIB DRAUF ..."

„ICH BIN HALT FAUL UND ICH LIEGE DAZU."

Ein junges Pärchen ist am Knutschen.
Er: „Sag mal, würdest du es ablehnen, wenn ich vorschlagen würde, die Nacht zusammen zu verbringen?"
Sie: „Sowas hab ich noch nie getan."
Er: „Was, du bist noch Jungfrau?"
Sie: „Nein, ich hab's noch nie abgelehnt."

Zwei befreundete Ehepaare spielen an einem Abend zusammen Karten. Horst fällt zwischendurch eine Karte zu Boden. Als er sich danach bückt, bemerkt er, dass Dagmar, Antons Frau, die Beine weit gespreizt hat und keine Unterwäsche trägt!

Horst lässt sich natürlich nichts anmerken.

Später, als Horst in die Küche geht, um Getränke zu holen, folgt ihm Dagmar und fragt: „Hast du vorhin unterm Tisch etwas gesehen, das dir gefallen hat?“

Horst, überrascht von ihrer Offenheit, bejaht und sie sagt: „Du kannst es haben. Es kostet allerdings 500 Euro.“

Horst geht auf den Deal ein. Dagmar erklärt ihm, dass ihr Ehemann Anton Freitags immer etwas länger arbeitet und Horst um 14 Uhr bei ihr vorbeischauen soll. Natürlich ist Horst pünktlich, gibt ihr 500 Euro und die beiden vögeln etwa eine Stunde lang. Um 15:30 Uhr ist Horst wieder weg.

Anton kommt wie üblich um 18 Uhr nach Hause und fragt seine Frau: „War Horst heute Nachmittag hier?“

Dagmar ist geschockt, aber antwortet ruhig: „Ja, er war heute Nachmittag für ein paar Minuten hier.“ Ihr Herz rast wie verrückt, als Anton nachfragt: „Und hat er dir 500 Euro gegeben?“

Dagmar denkt, das ist das Ende, setzt ein Pokerface auf und sagt: „Ja, er hat mir 500 Euro gegeben.“

Anton lächelt zufrieden und sagt: „Gut, Horst kam nämlich heute Morgen zu mir ins Büro, um sich 500 Euro bei mir zu leihen. Er versprach, dass er heute Nachmittag bei dir vorbeischauen würde, um das Geld zurückzubezahlen.“

Eine Frau fragt ihren Mann: „Schatz, wie nennt man nochmal Statuen und Gebäude, die einen an was erinnern sollen?“ „Denkmal“, antwortet der Mann. Sagt die Frau: „Das tue ich, ich komme aber nicht drauf.“

Er kommt mit einem Schaf auf dem Arm betrunken ins Schlafzimmer. Seine Frau schreckt auf. Da sagt er: „Mit der Ziege habe ich dich zwei Jahre betrogen.“ Sie: „Aber Schatz, das ist doch ein Schaf.“ Sagt er: „Wer redet denn mit dir?“

„Hast du jetzt eine feste Freundin?“
„Nein, immer noch die wabblige.“

Das Kind unserer Nachbarn hat letztens gefragt: „Mama, kann ich bitte zehn Euro haben?“ Darauf antwortet die Mutter: „Haben, haben, ich höre immer nur haben, was ist denn mal mit geben?“ Darauf das Kind: „Ok, kannst du mir zehn Euro geben?“

Eine Bekannte von mir sagte mal: „Guck mal, acht Jahre alt, passt immer noch.“ „Jo, sag ich, das ist ein Schal.“

AUF URLAUBSREISE.
SIE: „WIR HABEN NUR EINE HERDPLATTE."
ER: „NEIN, DAS IST EINE MIKROWELLE, DA FEHLT DIE TÜR."

Sagt sie zu ihm: „Schatz, ich habe keinen Slip an". Sagt er zurück: „Es ist unglaublich, wie vergesslich du bist."

ER: „GUCK NICHT SO TRAURIG."
SIE: „DANN BUMS NICHT SO SCHLECHT."

„PAPA, WENN DU MIR FÜNF EURO GIBST, ERZÄHLE ICH DIR, WAS DER POSTBOTE IMMER ZUR MAMA SAGT.“ DER VATER GIBT IHM DAS GELD UND FRAGT: „WAS SAGT DER?“. DARAUF DER SOHN: „GUTEN MORGEN, FRAU WAGNER, HIER IST IHRE POST.“

Geht eine Frau in den Supermarkt. Sie legt eine Packung Eier, eine Zahnbürste und eine Flasche Wasser auf das Band.
Sagt die Verkäuferin: „Sie sind Single, oder?“
Antwortet die Frau ganz verdutzt: „Ja das ist richtig. Wieso?“
„Weil Sie hässlich sind!“

Vater und Mutter räumen das Kinderzimmer auf, als sie einen Haufen Sadomaso-Pornohefte finden.
Mutter: „Was machen wir denn jetzt mit dem Jungen?“
Vater: „Auf keinen Fall schlagen!“

EINE FRAU SAGT ZU IHREM MANN: „SCHATZ, ICH MACHE DIR GLEICH DEN FERNSEHER AN, DANN KANNST DU FUSSBALL GUCKEN. DANN HOLE ICH DIR NOCH EIN BIER UND CHIPS UND DANN VERWÖHNE ICH DICH NOCH ORAL.“
„DAS IST SO TYPISCH“, ANTWORTET DER MANN, „BEI DIR HÖRE ICH IMMER NUR: ICH, ICH, ICH.“

Ein Liebespärchen liegt im Bett, als die Frau plötzlich hört, dass die Haustür aufgeschlossen wird. „Schnell, stell dich da vorne hin“, sagt die Frau zu ihrem Liebhaber. Sie bespritzt ihn mit Öl und pudert ihn von oben bis unten. „Du bewegst dich nicht, sagt die Frau, du bist eine Statue.“ Der Ehemann kommt ins Schlafzimmer und zeigt auf die Statue und fragt: „Was ist das denn?“ „Das ist eine Statue“, sagt seine Frau. „Ich habe so eine bei den Schmitzens im Schlafzimmer gesehen, da dachte ich mir, so eine möchte ich auch.“ „Ok,“ sagt der Mann. Die beiden legen sich daraufhin zum Schlafen ins Bett. Nachts steht der Ehemann auf, geht zum Kühlschrank, holt sich ein Bier und ein Sandwich heraus. Er geht wieder ins Schlafzimmer, stellt sich neben die Statue und gibt ihm das Sandwich. „Hier für dich“, sagt der Ehemann, „ich stand letztens acht Stunden bei den Schmitzens und die geizigen Säcke haben mir nichts angeboten.“

Sagt ein Mann zu seiner Frau: „Ach Gisela, gieß doch mal bitte draußen das Blumenbeet.“
Sie antwortet: „Otto, siehst du nicht, dass es ganz stark regnet?“
Darauf Otto: „Egal, dann nimm ’nen Schirm mit.“

DER EHEMANN ZU SEINER FRAU: „WIR HABEN IM LOTTO GEWONNEN. ICH HABE SCHON GROSSE PLÄNE MIT DEM GEWINN. WAS SOLLEN WIR UNS ALLES KAUFEN?"

DIE FRAU: „UM GANZ EHRLICH ZU SEIN, PETER, ICH WÜRDE GERNE MEINE HÄLFTE NEHMEN UND DICH VERLASSEN."

DER MANN: „OH, OK! WIR HABEN 30 EURO GEWONNEN. HIER HAST DU DEINE 15 EURO!"

„Meine Freundin ist so süß, Delfine wollen mit ihr schwimmen."

Eine Frau kommt nach Hause und sagt zu ihrem Mann: „Schatz, wir sind bald zu dritt.“ Der Mann ist total aufgeregt und sagt: „Echt, du bist schwanger?“ „Nein“, sagt die Frau, „meine Mutter zieht ein.“

Die Polizei fragt einen Mann: „Warum haben Sie es nicht gemeldet, als Ihnen Ihre Kreditkarte gestohlen wurde?“
Der Mann antwortet: „Der Dieb hat weniger ausgegeben als meine Frau.“
Daraufhin die Polizei: „Und warum melden Sie es jetzt?“
Der Mann: „Ich glaube, die Frau des Diebes hat angefangen, die Karte zu benutzen!“

EIN PÄRCHEN LIEGT IM GRAS. PLÖTZLICH SAGT DER MANN ZU SEINER FREUNDIN: „EINE STERNSCHNUPPE, DU KANNST DIR ETWAS WÜNSCHEN.“ DIE FREUNDIN SAGT: „ICH WÜNSCHE MIR, DASS WIR BEIDE HEIRATEN.“ „OH“, SAGT DER MANN, „WAR WOHL DOCH NUR EIN FLUGZEUG.“

MEIN FREUND
ERZÄHLTE MIR NEULICH,
ER HABE DEN KÖRPER
EINES GRIECHISCHEN
GOTTES. ICH HABE IHN
DANN AUFGEKLÄRT,
DASS BUDDHA KEIN
GRIECHISCHER GOTT
IST.

DAS PAAR IST SEIT 30 JAHREN VERHEIRATET UND MAN FEIERT IN DEM ZIMMER DES HOTELS, IN DEM MAN DIE HOCHZEITSNACHT VERBRACHT HATTE. DER MANN LIEGT SCHON IM BETT, ALS SEINE FRAU AUS DEM BAD KOMMT, SPLITTERNACKT, GENAU WIE DAMALS.
VERFÜHRERISCH FRAGT SIE IHN: „SAG MAL, LIEBLING, WAS HAST DU DAMALS GEDACHT, ALS ICH SO AUS DEM BAD KAM?"
ER ERWIDERT: „ICH HABE DICH GEMUSTERT UND MIR GEDACHT, ICH MÖCHTE DEINE BRÜSTE AUSSAUGEN UND DIR DEN VERSTAND WEGBUMSEN!"
„UND WAS DENKST DU HEUTE?", FRAGT SIE MIT VOR ERREGUNG ZITTERNDER STIMME.
MEINT DER MANN: „ICH DENKE, DASS MIR DAS GANZ GUT GELUNGEN IST ..."

„Liebling", ruft die junge Frau und bleibt entzückt vor einem Hutladen stehen: „Diesen oder keinen." „Einverstanden, keinen."

Ein frisch verliebtes Pärchen geht ins Kino. Als sie sich hinsetzen, bemerkt die Frau bei dem Mann einen äußerst unangenehmen Fußgeruch. Als das Pärchen sich zu küssen anfängt, bemerkt der Mann bei der Frau einen beißenden Mundgeruch. Da sagt die Frau: „Ich muss dir unbedingt etwas sagen." Da unterbricht der Mann: „Ich weiß, du hast meine Socken gegessen."

Eine etwas in die Jahre gekommene Frau steht vor dem Schlafengehen nackt vor dem Spiegel, lässt ihren Blick am Spiegelbild rauf- und runterwandern und meint dann seufzend zu ihrem Mann: „Wenn ich das so sehe, fühle ich mich sehr alt. Meine Haut ist schrumpelig und schlapp, meine Brüste hängen beinahe bis zur Hüfte und mein Hintern ist total dick geworden!"
Sie dreht sich zu ihrem Mann um und sagt: „Bitte sag jetzt etwas Positives über mich, damit ich mich ein wenig besser fühle!"
Er überlegt einen Moment und meint dann: „Naja, deine Augen scheinen in Ordnung zu sein!"

Da unterhalten sich zwei Männer über den größten Versprecher ihres Lebens. Da sagt der eine: „Ich wollt letztens nach Pittsburgh fliegen. Da geh ich so an den Flugkartenschalter und will sagen – zwei Tickets nach Pittsburgh bitte – und aus Versehen rutscht mir raus: Zwei Pickets nach Tittsburg bitte!"
Darauf der andere: „Ach, das ist noch gar nichts! Ich sitze letztens mit meiner Frau am Frühstückstisch und will so sagen: Du, Schatz, kannst du mir bitte mal die Butter reichen ... und aus Versehen ... wirklich aus Versehen rutscht mir raus: Du Schlampe hast mein ganzes Leben versaut!"

Samstagmorgens. Der Vater hat unheimlich Lust, seine Frau zu vernaschen, aber was soll in der Zeit mit dem fünfjährigen Sohn passieren? Kurzerhand schickt er diesen auf den Balkon: „Schau mal, was so los ist, und erzähle es uns."
Vati ist mit Mutti schon schwer am Knattern, als die Stimme des Kleinen vom Balkon tönt: „Schmidts haben sich ein neues Auto gekauft, einen Golf!"
Der Vater keucht: „Super, beobachte weiter."
Zwei Minuten später vom Balkon: „Meiers bekommen gerade Besuch aus Frankfurt."
Der Vater keucht wieder: „Ok, beobachte weiter."
Weitere drei Minuten später: „Müllers bumsen gerade."
Der Vater springt erschrocken von der Mutter: „Wie kommst du denn darauf?"
Kommt's von draußen: „Sie haben ihren Sohn auf den Balkon geschickt."

IN DER DISCO.
ER: „WILLST DU TANZEN?"
SIE: „JA, GERNE."
ER: „OKAY, DANN GEH TANZEN UND ICH UNTERHALTE MICH SO LANGE MIT DEINER FREUNDIN."

EINE EHEFRAU FÄHRT ALLEIN IN DEN SKIURLAUB UND LERNT AUCH SEHR SCHNELL EINEN MANN KENNEN. SIE LANDEN SOFORT IM BETT. SIE LIEBEN SICH UND FAHREN SKI – IM WECHSEL. NACH EINER WOCHE FRAGT SIE: „WIE HEIßT DU EIGENTLICH?"

„ICH HEIßE HERMANN!"

SIE: „UND WIE IST DEIN NACHNAME???"

„DAS ERZÄHLE ICH DIR LIEBER NICHT ... ES WIRD NUR SCHWIERIGKEITEN GEBEN ... UND AUßERDEM LACHEN ALLE, DIE MEINEN NACHNAMEN HÖREN ...!"

SIE: „ICH LACHE GANZ SICHER NICHT ... BITTE SAG IHN MIR!"

ER ZÖGERT UND SAGT DANN SCHLIEßLICH. „ICH HEIßE NEUSCHNEE!"

SIE KRIEGT SICH NICHT MEHR EIN UND LACHT SICH HALBTOT.

ER: „SIEHST DU, ICH HABE ES GEWUSST, AUCH DU LACHST ÜBER MEINEN NACHNAMEN."

SIE: „NEIN, ICH LACHE NICHT ÜBER DEN NAMEN, SONDERN, DASS MEIN MANN MICH VERABSCHIEDET HAT UND SAGTE: „ICH WÜNSCHE DIR EINEN SCHÖNEN SKIURLAUB UND TÄGLICH 20 CM NEUSCHNEE!!!"

Der längste Sex mit meiner Frau dauerte genau eine Stunde und fünf Minuten.
Das weiß ich noch ganz genau, denn in dieser Nacht wurden die Uhren eine Stunde vorgestellt.

Ein Mann kommt in eine Apotheke und sagt: „Ich hätte gerne Zyankali.“
Sagt der Apotheker: „Das ist nicht frei verkäuflich.“
Darauf holt der Mann sein Portemonnaie raus und zeigt ein Bild seiner Frau. Sagt der Apotheker: „Ach so, Sie haben ein Rezept.“

MANN UND FRAU LERNEN SICH IN DER KNEIPE KENNEN, SIND SICH SCHLAGARTIG SEHR SYMPATHISCH UND VERSCHWINDEN AUF DER TOILETTE.

OHNE VIEL GEREDE GEHT'S RICHTIG ZUR SACHE.

EINIGE MINUTEN SPÄTER SAGT DER MANN: „OH, MÄDCHEN, WARUM SAGST DU NICHT, DASS DU NOCH JUNGFRAU WARST, DANN HÄTTE ICH MIR MEHR ZEIT GENOMMEN.“ DARAUF DIE FRAU: „HÄTTE ICH GEWUSST, DASS DU ZEIT HAST, HÄTTE ICH DIE STRUMPFHOSE AUSGEZOGEN.“

Ein Mann ruft zu Hause an, und ein kleiner Junge nimmt den Hörer ab. „Hallo, Sohnemann“, fängt der Mann an zu sprechen, „wo ist denn die Mama?“ „Die liegt mit einem fremden Mann ganz nackt im Bett und die küssen sich“, kommt vom Jungen zurück.

„So“, sagt der Mann, „du gehst jetzt mal in den Keller. In der zweiten Schublade an meinem Werkzeugtisch ist eine Pistole. Dann gehst du ins Schlafzimmer, erschießt erst Mama und dann den Mann.“ „Ok“, sagt der Junge und führt die Sache aus. „Hab ich gemacht“, sagt er, als er wieder den Hörer aufnimmt. „Sehr gut“, sagt der Mann. „Jetzt nimmst du die Beine des Mannes und ziehst ihn raus in den Swimmingpool und dasselbe machst du auch mit Mama.“ „Aber wir haben doch keinen Swimmingpool“, entgegnet der Junge. „Oh“, sagt der Mann, „falsch verbunden.“

Eine junge Frau hat einen neuen Lover. Als die beiden zum ersten Mal im Bett sind, fragt sie ihn, ob er die 69 machen möchte. Etwas baff fragt er, was das denn sei. Da merkt sie, dass er noch recht unerfahren ist und sie etwas behutsam mit ihm umgehen muss. „Also pass auf, das geht so. Du legst deinen Kopf zwischen meine Beine und ich lege meinen Kopf zwischen deine Beine." Er weiß zwar nicht, wo das hinführen soll, versteht aber sofort und macht mit. Als sie gerade anfangen will, entfleucht ihr ein Furz. Der Mann kriegt Atemnot, rollt zur Seite und es dauert ein wenig, bis er sich wieder fängt. Ihr ist das furchtbar peinlich, sie entschuldigt sich und möchte es nochmal versuchen. Doch wie es manchmal so ist im Leben, passiert ihr das Gleiche wieder. Er ist beinahe bewusstlos, fängt sich dann aber wieder, steht auf und zieht sich an. Sie ist total irritiert, dass er jetzt gehen will, entschuldigt sich tausend Mal und bittet ihn zu bleiben. Darauf er: „Wenn du denkst, dass ich mir die restlichen 67 auch noch reinziehe, dann hast du dich aber geschnitten ..."

Er: „Schatz, ich muss mein T-Shirt waschen. Welches Waschmaschinenprogramm muss ich nehmen?"
Sie: „Was steht denn auf dem T-Shirt?"
Er: „Iron Maiden."

Ein älteres Ehepaar steigt am Duisburger Hauptbahnhof aus. Beide schon über 80 Jahre alt, sie ein bisschen schwerhörig. Der Mann geht zu einem Taxifahrer und fragt: „Entschuldigung, sind sie frei?“ Die ältere Ehefrau schreit: „Was?“ „Ich hab gefragt, ob er frei ist“, schreit der Ehemann zurück. „Ja“, sagt der Taxifahrer.
„Was sagt der?“, schreit die Ehefrau.
„Ja“, schreit der Ehemann zurück,
und die beiden steigen ins Taxi ein.
„Wo möchten sie hin?“, fragt der Taxifahrer. „Was sagt der?“, schreit die Ehefrau. „Wo wir hinwollen“, schreit der Mann zurück und sagt dem Taxifahrer: „Bethesda Krankenhaus in Hochfeld.“ „Was?“, schreit die Ehefrau. „Bethesda Krankenhaus“, schreit der Ehemann zurück. Das Taxi fährt los.
„Wo kommen sie eigentlich her?“, fragt der Taxifahrer. „Was will der?“, fragt die Ehefrau schreiend. „Wo wir herkommen“, schreit der Ehemann zurück. „Aus Hamburg“, antwortet der Ehemann dem Taxifahrer. „Was?“, schreit fragend die Ehefrau. „Aus Hamburg“ schreit der Ehemann zurück. „Hamburg war ich auch schon mal“, sagt der Taxifahrer. „Da hatte ich den schlechtesten Sex meines Lebens.“
„Was hat der gesagt?“, schreit fragend die Ehefrau.
Der Ehemann antwortet schreiend: „Der kennt dich.“

Ein Mann sitzt mit seiner Frau und zwei Kindern im Restaurant. Es bleibt beim Essen noch etwas übrig. Der Mann holt den Kellner und fragt: „Können Sie den Rest einpacken, für den Hund?" Die beiden Kinder springen erfreut auf und rufen: „Wir kriegen einen Hund."

POLIZISTEN-WITZE

EIN MANN BEIM VERHÖR.
POLIZIST: „SIE HABEN DOCH GESEHEN WIE DIE ALTE DAME VON DEM KERL VERPRÜGELT WURDE. WIESO HABEN SIE DENN NICHT GEHOLFEN?"
MANN: „ICH DACHTE, DER SCHAFFT DAS ALLEIN!"

Ein Mann kommt in eine Fahrzeugkontrolle. Der Polizist bittet ihn: „Fahrzeugpapiere und aussteigen! Ich denke, Sie sind betrunken!" Darauf der Herr: „Herr Wachtmeister, ich versichere Ihnen, ich habe nichts getrunken!" Polizist: „Ok, machen wir einen kleinen Test! Stellen Sie sich vor: Sie fahren im Dunkeln auf einer Straße, da kommen Ihnen zwei Lichter entgegen, was ist das?" Der Mann: „Äh ... ein Auto." Darauf der Polizist: „Na klar! Aber welches? Ein Mercedes, ein Audi oder ein BMW?" Der Mann: „Keine Ahnung!" Polizist: „Also doch betrunken!" Der Mann beteuert: „Unter Garantie nicht!" Erwidert der Polizist: „Okay, dann noch ein Test: Stellen Sie sich vor: Sie fahren im Dunkeln auf einer Straße, da kommt Ihnen ein Licht entgegen, was ist das?" Der Mann: „Ein Motorrad!" Polizist: „Na klar! Aber welches? Eine Honda, eine Kawasaki oder eine Harley?" Der Mann zuckt mit den Achseln: „Keine Ahnung!" Der Polizist scharf: „Wie ich sagte: betrunken!" Der Mann wird langsam sauer und meint: „Gut, Herr Wachtmeister! Gegenfrage: Es steht eine Frau am Straßenrand. Sie trägt einen Minirock, fettroten Lippenstift, Netzstrümpfe und hochhackige Schuhe. Wer ist das?" Polizist: „Na klar: Eine Hure." Darauf der Mann: „Ja klar, aber welche? Ihre Tochter, Ihre Frau oder Ihre Mutter?"

Eine Blondine kommt in eine Fahrzeugkontrolle der Polizei. Der Beamte fordert sie auf: „Bitte Ihren Führerschein!“ „Äh, was ist das gleich nochmal?“ „Das Ding mit Ihrem Bild drauf.“ Sie wühlt in ihrer Handtasche und gibt dem Beamten den Schminkspiegel. Polizist schaut hinein und meint: „Hätten Sie doch gleich sagen können, dass Sie auch bei der Polizei sind. Gute Weiterfahrt!“

Ein Polizist hält bei einer Fahrzeugkontrolle ein Auto an und verlangt den Führerschein. Da schreit ihn der Fahrer an: „Wollen Sie mich verarschen? Letzte Woche haben Sie ihn mir abgenommen, und jetzt soll ich ihn vorzeigen!“

Die Polizei hält ein Auto an, das Schlangenlinien fährt. Der Polizist zum betrunkenen Fahrer: „In Ihrem Zustand heißt die Devise: Hände weg vom Steuer!“ Darauf der Autofahrer: „Was, wenn ich besoffen bin, soll ich auch noch freihändig fahren?“

Ein betrunkener Autofahrer wird von der Polizei angehalten. Der Polizist fragt: „Wie heißen Sie?“ – „Perowiszkyowiesky.“ „Und wie schreiben Sie sich?“ – „S-i-c-h.“

„FUCK, DIE POLIZEI!
LOS, WIR SPRINGEN AUS
DEM FENSTER!“
„WIR SIND IM
13. STOCK!“
„ICH HAB JETZT ECHT
KEINE ZEIT FÜR DEINEN
ABERGLAUBEN!“

„Ihr Wagen ist völlig überladen! Ich muss Ihnen leider den Führerschein abnehmen", sagt der Polizist zu einem Autofahrer. „Aber das ist doch lächerlich. Der Führerschein wiegt doch höchstens 50 Gramm!"

NEULICH WAR ICH KURZ BEIM BÄCKER. NACH FÜNF MINUTEN VERLIESS ICH DEN LADEN. ALS ICH WIEDER RAUSKAM, SAH ICH EINE POLITESSE, DIE GERADE EINEN STRAFZETTEL SCHRIEB. ALSO GING ICH ZU IHR HIN UND SAGTE: „ACH KOMM, PUPPE, KANNST DU NICHT MAL EIN AUGE ZUDRÜCKEN?" SIE IGNORIERTE MICH UND SCHRIEB WEITER. ALSO NANNTE ICH SIE EINE GANZ STURE BEAMTENZICKE. SIE SAH MICH AN UND BEGANN EIN WEITERES TICKET FÜR ABGEFAHRENE REIFEN ZU SCHREIBEN. ALSO NANNTE ICH SIE EINE BLÖDE SCHLAMPE. DA BEGANN SIE EIN DRITTES TICKET ZU SCHREIBEN! SO GING ES DIE NÄCHSTEN ZEHN MINUTEN WEITER. JE MEHR ICH SIE BELEIDIGTE, DESTO MEHR TICKETS SCHRIEB SIE. MIR WAR DAS EGAL. ICH WAR JA ZU FUSS UNTERWEGS.

Sagt der Polizist zum Kollegen: „Mein Hund hat immer Leute auf dem Fahrrad verfolgt. Das ist irgendwann so eskaliert, dass ich ihm das Fahrrad wegnehmen musste."

Zwei Polizisten werden zum Gymnasium gerufen, weil dort eine Leiche gefunden wurde. Der eine will den Bericht verfassen und fragt den anderen: „Du, wie schreibt man denn Gymnasium?" Die beiden grübeln fünf Minuten, zehn Minuten, 20 Minuten, nach einer halben Stunde schlägt der eine flüsternd vor: „Du, ich würde sagen, wir ziehen die Leiche rüber zur Post."

Nachts. Verkehrskontrolle. Der Autofahrer hat keine Papiere. Sagt der Polizist: „Wir müssen Ihre Personalien überprüfen. Wie heißen Sie?" „Franz Beckenbauer." „Sie wollen mich wohl verkohlen. Den kenn ich doch. Also nochmal, wie heißen Sie?" „Johann Wolfgang von Goethe." „Na also, geht doch."

Mann ruft die Polizei an:
„Kommen Sie schnell, hier haben sich zwei Frauen in die Haare bekommen. Sie kämpfen darum, wer mich haben kann. „
Polizist: „Wegen so etwas rufen Sie die Polizei an?"
Mann: „Die Dicke gewinnt!"

„WENN DIE LAMPE NICHT BRENNT, MÜSSEN SIE IHR FAHRRAD SCHIEBEN", SAGT STRENG DER POLIZEIBEAMTE. SAGT DER MANN: „DAS HAB ICH SCHON PROBIERT, ABER DIE LAMPE BRENNT TROTZDEM NICHT."

EIN MANN HAT EINEN SPIEGEL IM SCHRANK. EINES NACHTS WACHT ER AUF, ÖFFNET SEINEN SCHRANK UND SIEHT SICH SELBST IM SPIEGEL. ER RUFT SOFORT DIE POLIZEI UND SAGT INS TELEFON: „KOMMEN SIE SCHNELL, ES VERSTECKT SICH EIN EINBRECHER IN MEINEM SCHRANK." NACHDEM DIE POLIZEI ANGEKOMMEN IST UND IM SCHRANK NACHSCHAUT, SAGT DER POLIZIST MIT WÜTENDER STIMME: „SIND SIE BESCHEUERT. DAS KANN DOCH WIRKLICH NICHT IHR ERNST SEIN. WARUM HABEN SIE DIE POLIZEI GERUFEN, WENN BEREITS EIN POLIZEIBEAMTER VOR ORT IST?"

Ein kleiner Junge geht die Straße entlang. Er findet einen Gummiknüppel. Ein paar Meter weiter steht ein Polizeibeamter. Kleiner Junge: „Ist das Ihr Gummiknüppel, Herr Polizist?" Der Polizeibeamte schaut nach: „Ne, meinen hab ich verloren."

Es werden Polizeibeamte gesucht. Zu einem Vorstellungsgespräch bewerben sich mehrere und am Ende bleiben zwei übrig. Der erste Bewerber kommt zum Kommandanten. Der Kommandant sagt: „Ich habe Ihre Bewerbung geprüft und Sie sind in der Endauswahl. Wenn Sie jetzt noch drei Fragen richtig beantworten, sind Sie engagiert. Also, die erste Frage: Wann war der erste Weltkrieg?" „1914 bis 1918." „Richtig, 2. Frage, wer hat die Chinesische Mauer erstellt?" „Der Yan hat angefangen, der Yen hat aufgehört." „Wieder richtig, nun die letzte Frage: Gibt es auf dem Mars Lebewesen?" „Man vermutet es, aber man kann es nicht beweisen." „Sie haben alles richtig beantwortet und sind engagiert." Der Bewerber geht nach draußen, wo der andere Mitbewerber wartet. Der fragt ihn, ob es schwierig gewesen sei. Der erste Bewerber sagte, nein, du musst nur sagen, 1914 bis 1918, der Yan hat angefangen, der Yen hat aufgehört, und man vermutet es, kann es aber nicht beweisen. Der zweite Bewerber geht zum Kommandanten. Der erklärt ihm alles und kommt zu den abschließenden Fragen. Der Kommandant stellt die erste Frage: „Wann sind Sie auf die Welt gekommen?" Die Antwort des zweiten Bewerbers: „1914 bis 1918." Der Kommandant wird etwas ungläubig, aber lässt sich nicht viel anmerken. Die zweite Frage des Kommandanten: „Wer ist ihr Vater?" „Der Yan hat angefangen, der Yen hat aufgehört." Der Kommandant entrüstet: „Bin ich eigentlich ein Idiot?" „Man vermutet es, aber man kann es nicht beweisen."

Die Polizeistreife hält einen Wagen an, der Schlangenlinien fährt. „Blasen Sie bitte in das Röhrchen des Alkoholtesters!" „Das kann ich nicht, weil ich Asthmatiker bin. Wenn ich es mache, erleide ich einen schweren Asthmaanfall und kann sterben!" „Gut, dann fahren wir zum Krankenhaus für eine Blutprobe!" „Das geht nicht, denn ich bin Hämophiliker. Wenn ich verletzt werde, verblute ich!" „Dann benötigen wir eine Urinprobe!" „Tut mir leid, die kann ich auch nicht geben. Ich bin Diabetiker und bin dann unterzuckert." „Dann kommen Sie heraus und gehen auf diesem weißen Strich entlang!" „Das kann ich auch nicht, Herr Wachtmeister!" „Warum das nicht?" „Weil ich betrunken bin."

EIN POLIZIST FINDET EINEN SPIEGEL UND GUCKT REIN: „KOMISCH, DAS GESICHT KENN ICH DOCH! WENN ICH NUR WÜSSTE, WOHER. AM BESTEN SCHAUE ICH MORGEN MAL IN DIE FAHNDUNGSLISTE." DER POLIZIST STECKT DEN SPIEGEL IN DIE TASCHE UND KOMMT ABENDS NACH HAUSE. „DER KOMMT IMMER SO SPÄT NACH HAUSE", DENKT SEINE FRAU, „DA STIMMT DOCH WAS NICHT!" SIE SUCHT IN SEINEN TASCHEN UND FINDET DEN SPIEGEL. SIE GUCKT REIN: „HAB ICHS DOCH GEWUSST! EINE FREMDE FRAU!"

RELIGIÖSE WITZE

„Verlangen deine Eltern von dir, dass du vor dem Essen betest?“, erkundigt sich der Pfarrer.
„Nö“, schüttelt Kalle mit dem Kopf. „Meine Mutter kocht eigentlich recht gut!“

Der Papst geht zum ersten Mal mit seiner Kurie in die Sauna. Er ist ganz begeistert. Nach dem Schwitzen wendet er sich einem seiner Kardinäle zu: „„„Das ist ja so entspannend hier. Diese Sauna gefällt mir, das sollten wir öfter machen. Lasst uns morgen wieder in die Sauna gehen."
Der Kardinal wird hochrot: „Das geht nicht, Heiliger Vater!"
„Warum denn nicht?"
„Morgen ist hier gemischte Sauna."
„Ach, die paar Protestanten stören mich nicht."

PRIESTER: „HIERMIT ERKLÄRE ICH SIE ZU MANN UND FRAU. SIE DÜRFEN JETZT IHREN FACEBOOK-STATUS AKTUALISIEREN."

Kommt ein Unterhändler von Coca-Cola in den Vatikan. Er bietet 100.000 Dollar, wenn das „Vater unser" geändert wird. Es soll in Zukunft heißen: „Unsere tägliche Coke gib uns heute!"
Der Sekretär lehnt kategorisch ab. Auch bei 200.000 und 500.000 Dollar hat der Vertreter keinen Erfolg. Er telefoniert mit seiner Firma und bietet schließlich zehn Millionen Dollar.
Der Sekretär zögert, greift dann zum Haustelefon und ruft den Papst an: „Chef, wie lange läuft der Vertrag mit der Bäckerinnung noch?"

Sagt der Pfarrer im Religionsunterricht: „Geben ist seliger denn nehmen.“ Sagt Fritzchen: „Das sagt mein Vater auch immer.“
„Ach, fragt der Pfarrer,“ ist dein Vater auch Pfarrer?“
Antwortet Fritzchen: „Nein, Boxer.“

Im Wartezimmer beim Psychiater steht plötzlich einer auf, klopft sich auf die Brust und schreit: „Ich bin Tarzan!“
Der Arzt kommt raus und fragt: „Wer hat Ihnen das gesagt?“
„Der liebe Gott!“
Da meldet sich ein anderer aus der Ecke: „Das hab ich nie gesagt!“

„ICH VERSTEIGERE GRADE MEINE BIBEL AUF EBAY – HAB SCHON ZEHN GEBOTE.“

Die Nonne wird gefragt, wie sie denn auf die Idee gekommen sei, Nonne zu werden. „Ach wissen Sie, meine Mutter war Nonne, meine Oma war Nonne …"

EINE ÄLTERE DAME KLAGT EINEM PRIESTER IHR LEID. „VATER, ICH HABE EIN PROBLEM. ICH HABE ZWEI PAPAGEIENWEIBCHEN, UND DAS EINZIGE, WAS SIE DEN GANZEN TAG SAGEN, IST: HALLO, WIR SIND HUREN. MÖCHTET IHR SPAẞ HABEN?"
„WIE FURCHTBAR!", SAGT DER PRIESTER, „ABER ICH KENNE EINE LÖSUNG FÜR IHR PROBLEM. ICH HABE ZWEI PAPAGEIENMÄNNCHEN, DIE DEN GANZEN TAG ÜBER BETEN. BRINGEN SIE IHRE PAPAGEIENWEIBCHEN ZU MIR, DANN LERNEN SIE VERNÜNFTIGE SÄTZE."
GESAGT, GETAN. DIE ZWEI PAPAGEIENMÄNNCHEN LESEN SICH GERADE AUS DER BIBEL VOR, ALS DIE ÄLTERE DAME DIE BEIDEN PAPAGEIENWEIBCHEN ZU IHNEN IN DEN KÄFIG SETZT. DIE PAPAGEIENWEIBCHEN HEBEN AN: „HALLO, WIR SIND HUREN. MÖCHTET IHR SPAẞ HABEN?"
DIE ZWEI PAPAGEIENMÄNNCHEN SCHAUEN SICH AN. SAGT DER EINE ZUM ANDEREN: „SCHMEIẞ DIE BIBEL WEG, UNSERE GEBETE SIND ERHÖRT WORDEN!"

Und am achten Tag schuf Gott eine Stelle in der Mitte des Rückens, an die man kaum hinkommt, und er ließ sie jucken. Und er sah, dass es ihn amüsierte.

Der kleine Junge geht zur Krippe, nimmt das Jesuskind aus dem Stroh und sagt zu ihm: „So und wenn ich diese Weihnachten keine Playstation kriege, dann siehst du deine Eltern nie wieder!“

„TUT MIR LEID“, SAGT PETRUS ZU DEM ENDDREIßIGER, „ABER DU MUSST SCHON EINE GUTE TAT VORWEISEN, SONST KANN ICH DICH HIER LEIDER NICHT REINLASSEN.“ NACH KURZEM ÜBERLEGEN SAGT DER MANN: „ICH HAB BEOBACHTET, WIE EINE GRUPPE ROCKER EINER ALTEN DAME DIE EINKAUFSTASCHE WEGNEHMEN WOLLTE. DA BIN ICH HINGEGANGEN, HAB DAS MOTORRAD DES ANFÜHRERS UMGESTOßEN, IHM INS GESICHT GESPUCKT UND SEINE BRAUT BELEIDIGT ...“

„UND WANN WAR DAS?“

„VOR ETWA DREI MINUTEN.“

Ein Mann wurde ins offene Meer geworfen.
Kommt ein Boot vorbei.
Kapitän: „Soll ich dich retten?“
Mann: „Nein, Gott wird mir schon helfen!“
Nach einer Weile kommt ein weiteres Boot.
Kapitän: „Soll ich dich retten?“
Mann: „Nein, Gott wird mir schon helfen!“
Dann ertrinkt der Mann! Er kommt in den Himmel und trifft Gott.
Mann – wütend: „Warum hast du mir nicht geholfen?“
Gott: „Aber ich habe dir doch zwei Boote geschickt!“

Donald Trump hat einen Herzanfall und stirbt. Er wird direkt in die Hölle geschickt, wo der Teufel bereits auf ihn wartet.
„Ich weiß nicht, was ich machen soll", sagt der Teufel, „du bist zwar auf meiner Liste, aber ich habe kein freies Zimmer übrig. Da du aber auf jeden Fall in die Hölle gehörst, müssen wir also eine Lösung finden. Wir haben hier ein paar Typen, die lange nicht so schlecht sind wie du. Ich werde einen davon freilassen, damit du dessen Platz einnehmen kannst, und du darfst entscheiden, wen."
„Das klingt gut", denkt sich Trump, und der Teufel öffnet den ersten Raum.
Drinnen sieht er Ronald Reagan in einem riesigen Swimmingpool, ins Wasser eintauchen und wiederauftauchen. Immer und immer wieder ...
„Ach, nö", sagt Trump, „das ist nichts für mich. Außerdem bin ich eh kein guter Schwimmer ..."
Der Teufel öffnet die zweite Tür. Er sieht Richard Nixon in einem Raum voller Felsen, der mit einem Holzhammer auf das Gestein einhaut, immer und immer wieder ...
„Nein, ich habe Probleme mit der Schulter. Es wäre eine Qual für mich, Tag für Tag auf Felsen einzuhauen", sagt Trump.
Der Teufel öffnet die dritte Tür. Drinnen liegt Bill Clinton an Händen und Füßen gefesselt auf dem Boden. Über ihm hockt Monica Lewinsky und tut das, was sie am besten kann. Trump traut seinen Augen nicht.
„Na gut, das könnte ich tun", sagt er und reibt sich die Hände.
Der Teufel lächelt: „Ok, Monica, du kannst gehen!"

Sagt ein katholischer Pfarrer zu einem Kollegen: „Meinst du, wir erleben noch, wie der Zölibat abgeschafft wird?“ Der andere schüttelt bedächtig mit dem Kopf und sagt: „Wir nicht, aber vielleicht unsere Kinder.“

Ein evangelischer Pfarrer, ein katholischer Pfarrer und ein Rabbi kaufen sich neue Autos. Am nächsten Samstag ist Waschtag angesagt. Der evangelische und der katholische Pfarrer kippen einen Eimer Wasser über ihre Autos. Der Rabbi guckt sich das Ganze nachdenklich an. Dann geht er in die Werkstatt, holt eine Säge und sägt ein Stück des Auspuffs ab. Fragt seine Frau: „Sag mal, was machst du denn da?“ Der Rabbi: „Wenn die beiden ihre Autos taufen können, kann ich meins auch beschneiden.“

SENIOREN-WITZE

HABE HEUTE MEIN ERSTES GRAUES SCHAMHAAR ENTDECKT. ICH BIN ABER NICHT SO AUSGERASTET, WIE DIE ANDEREN LEUTE IM FAHRSTUHL.

Opa geht zu McDonalds. Der Kassierer fragt: „Zum Hier-Essen?".
Opa: „Nein, nein, ich setz mich an den Tisch da drüben."

Eine alte Dame im Bus bietet dem Busfahrer ein paar Nüsse an, die er freudig annimmt. Nach einer Weile fragt er sie, warum sie nicht selbst welche essen würde.
„Oh, junger Mann. Die sind viel zu hart für meine Zähne. Die schaffen das nicht mehr."
Der Fahrer wundert sich: „Warum kaufen sie dann überhaupt Nüsse?"
„Ach, ich liebe einfach die Schokolade, die sie umhüllt."

Fährt ein Opa mit der U-Bahn und starrt die ganze Zeit über einen Punker mit einer roten Kammfrisur an. Plötzlich reicht es dem Punker und er schreit den Opa an: „Hey, Alter, hast du in deiner Jugend nie eine Sünde begangen?" Sagt der Opa: „Ja, natürlich! Ich habe in meiner Jugend Hühner gefickt. Jetzt überlege ich die ganze Zeit, ob du mein Sohn sein könntest!"

Der Enkel unterhält sich mit dem Opa.
Enkel: „Wenn Löwen kastriert werden, verlieren sie ihre Mähne. Hast du deswegen eine Glatze Opa?"

Eines Tages geht eine ältere Dame mit einer Tasche voller Geld in die Deutsche Bank in Frankfurt. Am Schalter beharrt sie darauf, einzig und allein vom Präsidenten der Deutschen Bank bedient zu werden, um ein Sparbuch zu eröffnen: „Verstehen Sie bitte ... es geht um sehr viel Geld."
Nach vielem Diskutieren lässt sich die Dame zum Präsidenten der Bank bringen. Er fragt sie nach der Geldmenge, die sie einzahlen wolle.
Sie sagt ihm, dass es sich um 500 Millionen Euro handle und leert die Taschen vor ihm aus. Natürlich packt ihn sofort die Neugier nach der Herkunft des Geldes. „Liebe Dame, mich überrascht es, dass Sie so viel Geld bei sich haben. Wie haben Sie das geschafft?" Die ältere Dame antwortet: „Ganz einfach, ich wette. „Wetten?", fragt der Chef. „Was für Wetten? Die ältere Dame antwortet: „Naja, so alles Mögliche. Zum Beispiel wette ich mit Ihnen um 25.000 Euro, dass Ihre Eier quadratisch sind." Der Präsident bricht darauf in lautes Gelächter aus und sagt: „Das ist doch lächerlich. Auf diese Art und Weise können Sie doch niemals so viel Geld verdienen! „Nun ja, ich sagte bereits, dass ich auf diese Art mein Geld verdiene. Wären Sie bereit, die Wette einzugehen?" „Selbstverständlich", antwortete dieser. „Ich wette also um 25.000 Euro, dass meine Eier nicht quadratisch sind." Die ältere Dame antwortet: „Abgemacht. Aber, da es hier um sehr viel Geld geht, könnte ich morgen um zehn Uhr meinen Anwalt mitbringen, damit wir einen Zeugen haben?" „Klar!" Der Präsident ist einverstanden. Die Nacht darauf ist der Bankpräsident schon sehr nervös und verbringt viele Stunden damit, seine Eier genau zu überprüfen, von der einen und der anderen Seite. Er würde die Wette gewinnen. Ganz sicher. Am nächsten Morgen, um zehn Uhr, kommt dann die alte Dame mit ihrem Anwalt zur Bank. Sie stellt beide Herren vor und wiederholt die Wette über 25.000 Euro.

Der Präsident akzeptiert die Wette erneut. Im Anschluss bittet ihn die alte Dame, die Hose für die Überprüfung runterzulassen, um sich die Sache genauer anzuschauen. Der Präsident lässt seine Hose herunter. Die ältere Dame nähert sich, guckt sich in aller Ruhe die Sache an und fragt dann vorsichtig, ob sie die Eier denn berühren dürfte. „Denken Sie bitte, dass es um sehr viel Geld geht." „Na gut", sagt der Präsident überzeugt. „25.000 Euro sind sehr viel Geld und ich kann gut verstehen, dass Sie ganz sichergehen wollen." Die ältere Dame nähert sich daraufhin und wiegt die Kugeln der Begierde in ihrer Hand. Daraufhin bemerkt der Präsident, dass der Anwalt anfängt, seinen Kopf gegen die Wand zu schlagen. Der Präsident fragt daraufhin die alte Dame, was ist mit Ihrem Anwalt los? Diese antwortet: „Nichts – ich habe lediglich mit ihm um 100.000 Euro gewettet, dass ich heute um zehn Uhr die Eier des Präsidenten der Deutschen Bank in der Hand halten würde."

LACHEN RATEN SPIELEN

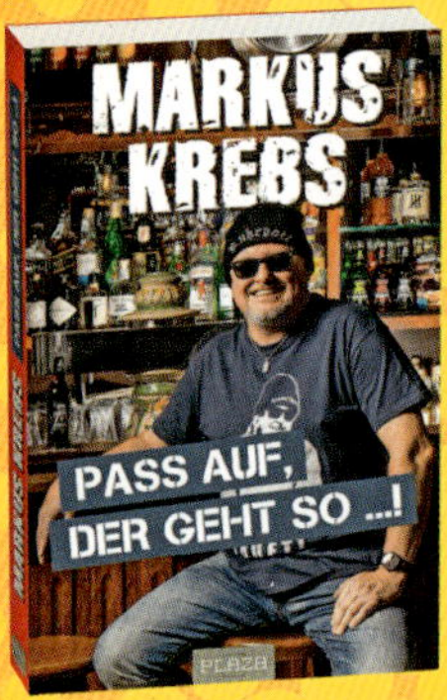

192 Seiten, Broschur, 135 x 206 mm,
ISBN 978-3-95843-710-4
€ 14,99

160 Seiten, Broschur, 135 x 206 mm,
ISBN 978-3-96664-132-6
€ 12,99

208 Seiten, Broschur, 187 x 264 mm,
ISBN 978-3-96664-122-7
€ 12,80

192 Seiten, Broschur, 135 x 206 mm,
ISBN 978-3-95843-568-1
€ 14,99

144 Seiten, Broschur, 151 x 209 mm,
ISBN 978-3-95843-876-7
€ 12,99

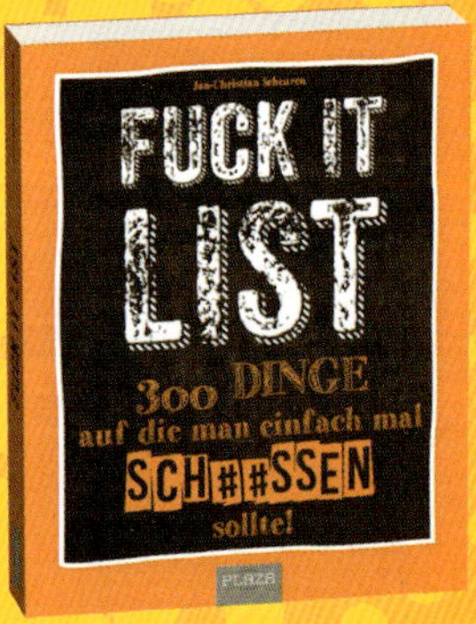

144 Seiten, Broschur, 169 x 211 mm,
ISBN 978-3-96664-133-3
€ 9,99

Unser komplettes Programm erhalten Sie in jeder Buchhandlung und unter www.heel-verlag.de